2016年9月10日、
東京ドームでの巨人戦で、
広島カープは25年ぶりに
悲願の優勝を果たした。

黒田さんと抱き合った瞬間、
声にならない嗚咽を聞いて、
僕もこみ上げてくるものを
抑えられなくなった。

HITS
Hiroshima
25

2016年4月26日、神宮球場でのヤクルト戦、第2打席で通算2000安打を達成。チームメイトの堂林や鈴木誠也らの活躍によって、勝ち試合で飾ることができた。平日のビジターゲームであるにもかかわらず、スタンドを真っ赤に染めたカープファンの人たちが、割れんばかりの歓声を上げてくれたのが何よりも嬉しかった。

2016年11月5日、優勝パレードの後に行われた黒田さんの引退セレモニーにて。背番号にちなんで、15回の胴上げを提案したのは僕だ。

撓《たわ》まず 屈せず

挫折を力に変える方程式

新井貴浩
Takahiro Arai

はじめに

すごい景色だった。

ファーストから見た内野スタンドは、上の方までカープファンで真っ赤に染まっていた。ただただすごいな、と思った。

ここは広島じゃない、東京ドームなのに——。

9回裏、ツーアウトになった時、僕はドキドキしていた。多分、最後のボールは自分が捕って優勝が決まるだろう。なぜかはわからないが、そういう確信のようなものがあった。

バッターがゴロを打って、ウイニングボールはファーストに来る。絶対にそうなる予感がしていた。

フルカウントからの7球目。亀井がショートゴロを打った瞬間「来た！」と思った。

広輔が打球をさばき、送球が自分のグラブに収まるまで、たった2、3秒のはずなのに、まるでスローモーションを見ているかのように長く感じた。

そして、ボールを捕った瞬間、頭の中が真っ白になった。


2016年9月10日、カープは25年ぶりのセントラル・リーグ優勝を果たした。プロに入って18年間、ずっと追い求めていたものが、ようやく手に入った瞬間だった。

2016年は、僕にとって最高の1年になった。個人としても通算2000安打や300号本塁打を達成し、オフには全く予想もしていなかった、セ・リーグのシーズンMVP（最優秀選手）にも選ばれた。

それでもやはり、どんな個人の記録も、優勝の喜びにはかなわなかった。

それは、自分ひとりで味わう喜びでは、決してなかったからなのだと思う。

2000安打の時は神宮球場を、リーグ優勝を決めた時は東京ドームを、真っ赤に染めたカープファンが、涙を流して喜んでくれた。

さらに神宮では、堂林や鈴木誠也がホームランを打つなど、チームメイトの活躍によって、記録達成の試合を勝ち星で飾ることができた。

周囲の人が喜んでいる姿を見ることが、僕の一番の喜びだった。

思い返せば、これまでの野球人生は山あり谷あり、本当にいろいろなことだらけだった。

ドラフト6位でのカープ入団から、4番に抜擢された時の不振、阪神タイガースへのフリーエージェント（FA）での移籍、そして2年前のカープへの復帰。

必ずしも順調ではなかった、というよりも、むしろ茨の道の方が長かった気もする。そんななか、自分でも本当にここまでよくやれたと思う。

そして、険しい道の途中では、数え切れないくらいたくさんの人たちにお世話になった。僕はその点では、とても恵まれていると感じる。

共に戦い、切磋琢磨し合ってきた先輩や後輩たち、下手くそだった僕を指導してくれた監督やコーチ、陰で支えてくれるスタッフや裏方さん。いろいろな人たちが僕を育て、引き上げてくれた。

ファンの人たちからは、時には厳しいブーイングも受けたが、叱咤激励とともに、温かい声援で、何度も勇気づけてもらった。

特に2015年の開幕戦、代打で復帰初打席を迎えた時に、スタンドから湧き上がった大声援。あの時の感動は、おそらく一生忘れることはないだろう。

技術も何もなかった僕が、憧れだったプロ野球の世界に入って20年近くもプレーし、気づけば2000安打という記録まで残せたわけだが、もちろんそれは、自分だけの力では到底なし得なかったのは間違いない。

監督・コーチやチームメイトのおかげ、苦しい時も、いつも味方でいてくれた家族のおかげ、そしてたくさんの感動をくれたファンの人たちのおかげ……。

「おかげさま」の野球人生で、今の自分があると思っている。


この本は、僕がこれまで野球を通じて培ってきたことを、いろいろな出来事を思い出しながら書いたつもりだ。

苦しい時に何を感じて、何をしなければいけないと思ったか。黒田さんをはじめとする諸先輩や、周囲の人たちから何を学んだか。

自分はプロ野球選手なので、当然、話は野球に関することばかりになるが、集団の中で生きるために心がけておくべきことや、とるべき行動は、たとえ舞台を社会や職場に置き換えても、変わりはないはずだ。

僕なんかの話が人様の役に立つのかどうかはわからないし、そもそも自分が、人に何かを教えるような立派な人間だとは思っていない。

それでも、入団当時は一軍でヒットを1本打てればいいと感じていたような選手が、仮にも名球会の一員になれた過程が、別のフィールドで日々、奮闘している人たちにとって、ちょっとしたヒントにでもなれば嬉しい。

2017年2月　広島東洋カープ　新井貴浩

本書は2017年3月に、弊社より刊行された
『撓まず 屈せず　挫折を力に変える方程式』
に加筆・修正し、新書化したものです。

目次

第2章 教え、導くということ

第3章　盟友・黒田博樹に教えられたこと

第4章　人間力を高める　～野球人として、人として～

第5章 そして、歓喜の時 ～25年ぶりの優勝～

第1章

苦難の向こうに見えるもの

〝根拠のない自信〟が夢を叶えることもある

プロ野球選手になるのは、小さい頃からの夢だった。広島で生まれ、広島で育った僕は、小学生の頃から赤い帽子をかぶり、山本浩二さんや衣笠祥雄さんに憧れていた。県工（県立広島工業高校）で甲子園を目指し、駒澤大学に進んでからも、ずっと将来はプロで野球をやりたい、と考えていた。

ただ、冷静に考えれば、自分はとてもプロに行けるような選手ではなかった。県工では甲子園出場がかなわなかったし、大学の時も、試合に出始めたのは4年生になってから。それまではレギュラーですらなかった。

大学のリーグ戦で打ったホームランは2本だけ、通算打率も2割1分か2分そこらという数字からしても、とてもではないが、ドラフトにかかるような選手ではなかったというのがわかるだろう。

それでもなぜか、僕は自分がプロに行けるのではないか、という気持ちを、常に心のどこかに持ち続けていた。確信とまではいかないが、根拠のない自信のようなものがあったのだ。

そして、1998年のドラフト会議当日。6巡目に僕の名前が呼ばれた。

「広島東洋カープ、新井貴浩、内野手、駒澤大学」

よっしゃ、プロに行ける。しかもカープじゃないか。

根拠のない自信が、最高の形で現実のものになった瞬間だった。

プロ入りに際して、カープと縁がないわけではなかった。

大学3年の時だったか、駒大野球部の太田誠監督に、

「お前、謙二郎にスイングを見てもらいに行ってこい」

と言われた。謙二郎とは、駒大からカープに入団していた野村謙二郎さんのことだ。

一年中練習をしている野球部にも、年に2回、正月と盆には故郷に帰省するための休暇がある。

「オレが連絡しておくから」

と、太田監督に言われ、広島にある謙二郎さんの自宅を訪ねた。

謙二郎さんの家の庭で、僕はとにかく力いっぱい、バットを振った。でも、謙二郎さんに何を言われたかは、正直、あまり覚えていない。

その時に、僕がプロに入れるように謙二郎さんにお願いした、というようなことが都市伝説のように語られているが、そんなことは全くない。

ただ、結果的には謙二郎さんがドラフトで僕を獲るように推薦してくれて、そのおかげで、カープに拾ってもらえたようだ。

実績も何もない僕がプロに入るには、とにかく練習するしかなかった。その時、その時に全力を尽くして、あとは待つしかない、という受け身の状態だった。

それでも、人の縁と、自分はプロに行くんだ、と信じ続けることで、子供の頃からの夢は現実になった。

「行けるのではないか」

という根拠のない自信。**この究極とも言えそうなプラス思考が、案外、物事がいい**

方向に進んだ、ひとつの要因なのかもしれない。

「やらされた」ことからも得られるものは絶対にある

プロに入る、という夢はひとまず叶えたが、僕の野球人生は苦難の連続。辛いことばかりだったように思う。

黒田（博樹）さんが、「高校時代ぐらいから、野球を楽しいと思ったことは一度もない」という話をしていたが、自分もそれに近い感覚がある。

カープに入団して、最初の春季キャンプの初日に、僕は絶望的な気持ちになった。

当時のカープは打撃のチーム。フリーバッティングで、現在の監督である緒方孝市さん、野村謙二郎さん、江藤智さん、前田智徳さん、金本知憲さんなどの打撃を見て、

「これはダメだ。打球の速さも、飛距離も、とにかくすご過ぎる。もうオレ、無理だ」

と感じた。辞めるまでに、1回でも一軍に上がればいいな、と考えていたほどだった。

しかし、そんな状況下でも、悩んだり落ち込んだりしているヒマはなかった。時間ばかりか、気持ちの余裕もなかった。

とにかく練習。それだけだった。

とはいえ、自発的に練習「した」のではなく、「やらされた」というのが本当のところだ。朝から晩まで、とにかくやれ、やれと、言われるがまま、必死にメニューをこなす日々だった。

僕が入団した年は、監督は達川（光男、当時は晃豊）さんだった。ヘッドコーチが「鬼軍曹」と言われた大下（剛史）さんだ。

大下さんは、本当に厳しい、怖い人だった。今でこそ、お年を召されて、優しいおじいちゃんみたいな佇まいをしていらっしゃるが、当時は自分たちのような若手だけでなく、レギュラークラスのベテラン選手でさえも、恐れているような人だった。

練習の時は、まさに「鬼」のような厳しさで、ノックやバッティングなどでは、限界以上のことを強いられていた。

大下さんも駒大の出身で、僕は直属の後輩ということもあり、特に目をかけてもらった、というか、シゴかれた。

キャンプでは、早出の練習から始まり、夕方までは通常のチーム練習。その間、ランチタイムにも特打をやったりした。日が落ちるまで練習して、午後7時ぐらいにホテルに戻って夕食を終えると、午後8時からは、また夜間練習だ。

ようやく一日が終わり、自分の部屋に帰っても、寝るのが嫌だった。なぜかと言えば、目をつむると3秒で朝が来るのだ。本当にそんな感覚だった。

うわー、また朝が来た、また練習だと、その繰り返しだった。

当時は同じ年にドラフト1位で入団した東出（輝裕）と2人で、特別な練習をさせられることが多かった。僕たちは、今で言う特別強化選手みたいな感じだった。

同期入団の選手や、同じぐらいの年齢の選手が、練習を終えて引き揚げていくのを見ながら、グラウンドに残った2人で、

「なんでオレたちばかり、こんなにやらされるんだ」
と、よく話していたものだ。

キャンプの時だけではない。当時はシーズンに入っても、他の選手とは違う、いろいろなメニューをやらされていた。

広島市民球場のゲームでは、試合前、ホームチームであるカープの練習が終わった後に、ビジターチームの練習になる。

通常は、相手チームが練習している間、選手はベンチ裏やロッカーなどで、試合に向けての準備をしたり、軽食をとったり、マッサージを受けるなどして過ごす。

それが僕と東出は、その間もファウルグラウンドで、当時コーチだった正田（耕三）さんにゴロを転がしてもらって、捕球の練習をしていた。練習用のボールが入った大きい箱を、何箱分もやったものだ。

ビジターの試合で、相手チームの本拠地に遠征に行った時も同じだった。試合前の練習が終わると、普通はベンチ裏に引き揚げるものだが、僕らは違った。

大下さんに、

「お前みたいな奴は、外野で壁当てをしておけ」

と言われ、壁に向けてボールを投げて、跳ね返ってきたゴロを捕る練習をしていた。ビジター練習が終わる時間には、開門してお客さんも入っている。その中で、スタンドにいるお客さんに笑われながら、外野のフェンスのそばでひとりで声を出し、野球を始めたばかりの小学生のようなことをやるわけだ。

そこからわずかな時間で食事をして、すぐにシートノックになり、試合が始まる。当時はスタメンではなく代打などの出場が多かったので、試合中は疲れてしまって、ベンチに座りながらウトウトしていた記憶がある。

プロ3年目からは監督が山本浩二さんになったが、この時もやはり、バリバリ練習を「やらされて」いた。

この頃はレギュラーで試合に出られるようになっていたが、シーズン中でも、まるでキャンプのような、きつい練習が課せられていた。

試合が終わって宿舎に帰っても、また素振りをやらされる。そして翌日も、また素振りをやってから球場入り。もちろん、試合前の練習も厳しかった。当時からコーチだった高（信二）さんのノックはとてもハードだった。今考えれば、シーズン中、しかも試合前に、よくあんなにやれたなと思う。

本当に辛くて毎日が嫌だったが、今考えると、あの練習があったからこそ、現在の自分があるのだと思える。実際に成績も右肩上がりだったし、40歳になった今でも現役でいられる体力的な下地ができたのも、あの頃の練習のおかげだ。

練習というのは、自分から率先して、自主的にやらなければならない。やらされているうちは意味がない、と言う人がいる。よく言われることだが、僕はそうではないと思う。

嫌々ながら「やらされる」練習でも、やれば身につくものなのだ。これまでの経験上、それは実感しているし、断言もできる。これは、仕事や勉強に置き換えても、きっと同じことが言えるのではないだろうか。

１９９９年に入団して、２００５年に初めてホームラン王を獲った時まで、僕は練習を「やらされて」いた。その間には、監督やいろいろなコーチにお世話になったが、特に大下さんには、本当に感謝している。

大下さんなくして、今の僕はないぐらいの存在だと思っている。実力不足だった僕を引き上げてくれたのも大下さんだし、何よりも、現在の自分の基礎を作ったのは、あの「やらされた」練習があったからだ。

逆境の時の言動で人間の本質がわかる

「これは無理だ」と思ってスタートしたプロの世界だったが、「やらされた」練習のおかげで、僕はなんとか一軍でプレーができるようになっていった。

いや、なんとか、どころか、入団してから２００２年ぐらいまでは、成績も右肩上がりで、順調と言ってもいいほどだった。

２００２年には、初めて１４０試合フル出場を果たし、オールスターにも初出場。28本塁打を記録するなど、サードの定位置を摑みつつあった。

しかし、プロ５年目の２００３年。それまで年々自己最高を記録していた打撃３部門（打率、本塁打、打点）の数字が、３つとも前年を下回ってしまった。

特に、打率は２割３分６厘と、レギュラーとしては、恥ずかしいと言うしかない数字に終わった。


この年は、チームにとっても、僕自身にとっても、大きな出来事があった。打率３割、30本塁打、30盗塁以上をマークする「トリプルスリー」を達成するなど、不動の４番だった金本さんが、ＦＡで阪神に移籍したのだ。

そして、その後を任されたのが僕だった。

当時の山本浩二監督からは、金本さんの移籍が決定した時から、

「お前が４番でいくからな」

と言われていた。

プロに入って以来、初めての重責と言えたが、前年までの成績もあったので、

「よし、一丁やってやるか」

と、それなりに自信を持って臨もうとしていた。

しかし、今思えば、それは自信ではなく、過信だった。シーズンに入ると、全く打てなくなったのだ。

4番という打順は、結果が出なければチームの敗戦の責任を問われる。打てなければ、ファンからは野次られてボロクソに言われる。

山本監督は、不振の自分を4番で使い続けてくれていたが、僕はその期待をずっと裏切り続けていた。

そんな状態が続き、シーズンが始まって3カ月ほどが経った7月12日。広島市民球場での中日戦の試合前に、監督室に呼ばれた。

部屋に入ると、監督に、

「苦しいか」

と聞かれた。僕は本当に苦しかったので、

「苦しいです」

と、素直に答えた。すると監督は、

「お前の気持ちはわかる。オレも同じ道をたどってきたからな」

と静かな口調で言った。

その言葉を聞いた瞬間、目から涙が溢れて、止まらなくなった。

「今日から6番でいくぞ」

と言われた時は、ホッとした、というのが正直な気持ちだった。


打てない、苦しい、4番を外れたい。それが叶って、肩の荷が下りた。ただ同時に、絶対にまた4番を打ってやる、リベンジしてやる、という強い気持ちも湧き上がってきた。

今は、金本さんの移籍によって与えられたような「4番」に負けてしまった。だけど、次は自分の力で、もう一度、必ず引き寄せてやるぞ、と強く心に誓った。

もっと技術的にも精神的にも力をつけて、誰からも認められる4番の座を勝ち取りたい。絶対に諦めたくないと思った。

結局、翌2004年はさらに出場試合数も減り、成績もレギュラーになってから最低の数字に終わってしまった。

この2年間は、それまで順調にいっていた自分が、思い切り頭をどつかれたような期間だった。

右肩上がりの成績に、自分自身、どこか気の緩みというか、ナメていたような部分があったのだろう。それに気づけたという意味では、今振り返れば、この2年間は、自分にとっていい経験だったと思う。

あの経験があったからこそ、また4番に返り咲くことができたし、2005年には初タイトルとなるホームラン王も獲ることができた。挫折があったからこそ、成長することができたのだ。

そもそも、最初から最後まで順風満帆にいく人生なんて、まずありえないのではないか、と僕は思う。

順調に進んでいる時には、何をやっても肯定されるし、どんなことを言っても認められ、賛美もされるものだ。

だからこそ、**逆境の時にどう考えて、どんなふうに振る舞い、行動するかということで、その人の価値、その人の本質がわかるのではないだろうか。**

世間一般の偉い人たちも、追い込まれると言い訳ばかりしているのをよく目にする。ロクでもないとまでは言わないが、そういうことをする人たちは、少なくとも他人から信頼されるような人間ではないはずだ。


挫折という意味では、2015年の菊池（涼介）と丸（佳浩）の気持ちを、僕はよく理解できていたつもりだ。

彼らはそれまで、ほぼ右肩上がりと言える成績を残していた。そして2015年、新たに就任した緒方監督から、「今のカープは、菊池と丸のチーム。この2人が引っ張っていかないとダメだ」と、多大なる期待を寄せられてシーズンに臨んだ。

しかし、いざフタを開けてみると、2人ともその期待に応えられなかった。チーム順位は4位とクライマックスシリーズにも届かず、個人の成績でも、初めて「挫折」と言えるシーズンに終わってしまった。

自分も同じような経験をしたのでよくわかるが、いい時は新聞記者など、周りには常に大勢の人がいたのに、ダメになるとサーッと人が引いていって、周りには誰もいなくなってしまう。

2人の結果は、数字的に見れば残念だったが、僕は、彼らはいい経験をしたな、と感じていた。実際、本人たちにもそういう話をした。

「オレもお前たちと同じような経験をしている。自分ではやれると思っていたけど、ナメていた部分があって、そこで初めてつまずいた。だからこそ、来年が大事なんだ」

彼らは、それを神妙な顔つきで聞いていた。そして2016年、揃って素晴らしい活躍を見せ、優勝の原動力となった。

この2年間で天国も地獄も見て、いい経験をした2人が、これからのカープを支える存在になるということは、僕ももちろん感じているし、周囲もそれを確信するシーズンになったと思う。

彼らの活躍は、あの話あってのものだ、とはもちろん思わない。ただ、2人が僕のアドバイスを聞いてくれたのだとしたら、話をしてよかったなと思う。

視点を変えると風向きが変わることもある

長く野球をやっていると、〝挫折〟とまではいかなくても、壁に当たることは多々ある。特に技術面では、これさえやっていれば絶対大丈夫、というものはない。

そんな時は、今まで通りのことだけをやっていてはいけないし、たとえ好調をキープしていても、そのままで満足していては進歩がない。

何かを変えたい、変えなければ、と思った時、思わぬ突破口を開いてくれるのが、第三者の助言だ。身内のアドバイスに耳を傾けるだけでなく、それまでとは違う風を、

自分から取り入れようという心がけも必要だと思う。

プロに入ってすぐ、1年目か2年目の頃だろうか。僕は守備のスローイング矯正のために、宮田征典さんに指導してもらったことがある。

宮田さんは、巨人がV9を達成した時のピッチャーで、ナイトゲームの抑えとして登場する時間帯から「8時半の男」と呼ばれた人だ。

巨人のOBで、高校や大学が同じというわけでもない宮田さんに教わることになったのは、僕がお世話になっている人に、宮田さんの知り合いがいたからだ。

宮田さんと旧知の仲の方に紹介され、たしか巨人との北海道シリーズの時だったと思うが、食事をご一緒させていただく機会があった。連れて行ってもらった寿司屋で、スローイングのことなど、いろいろと教えていただいた。

宮田さんの話は、まだプロとして未熟な自分にも、とてもわかりやすく、それまで知らなかったことを、たくさん聞くことができた。

僕はもともと、特に守備は技術的なレベルが低かったこともあり、これをきっかけに、すぐさまスローイングが劇的に変わったかと言われれば、そうではない。だが、話を聞いたことで、投げ方や守備に対しての考え方はたしかに変わったし、自分としては貴重な財産になったと思う。

この時は、自ら頼んだわけではなく、いわば受け身だった。「やらされる」練習と同じく、自発的に動いたわけではなかったが、ここで新しい風を取り入れたことが、あとあと考えると、ちゃんと自分のためになっていたのだ。

そういう意味では、僕は本当に恵まれていると感じる。いろいろな人に引き立ててもらって、助け船を出してもらって、今がある。

もうひとつ、技術面で言えば、これは最近のことになるが、バッティングの練習に動作解析を取り入れた。

自分の打撃フォームを映像で見て、その道の第一人者であるパフォーマンス・コーディネーターの手塚一志さんに、体の使い方を指導してもらうのだ。

悪い時にはどんな癖が出てしまっているのかということや、骨盤や腰の使い方など、どう体を使えば飛距離が延びるのかというのが具体的に学べ、すごく勉強になっている。

ここ数年は、宮崎の春季キャンプにも手塚さんを招くなど、お世話になり始めてからもう5年ほどになるが、これは受け身ではなく、自主的に始めたものだ。

きっかけは、心の中に生まれた手詰まり感のようなものだった。

2008年に阪神に移籍してから数年が経っていた時だった。阪神では打点王も獲り、主軸としてある程度の地位も築いていたが、どこか行き詰まっていると感じている自分がいた。

ここからさらに、もう一段ステップアップするには、何かしないといけない。年齢的にも、このままではダメになるという危機感も出始めていた。

新しい考え方で、新しい勉強をしなければならないと感じた時、頭に浮かんだのが手塚さんだった。

手塚さんとは、それまでに少なからず、ご縁はあった。黒田さんがメジャーに行く前、投球フォームを手塚さんに見てもらっていたのだ。

２００４年か２００５年の春季キャンプで、黒田さんは沖縄に手塚さんを招いていた。その時、黒田さんに、

「お前、よかったら一緒に食事するか。面白いぞ、手塚さんは。ためになるぞ」

と言われ、食事に連れて行ってもらっていた。

そこで初めて話をして、手塚さんとはご縁をもらっていた。そのご縁があったからこそ、すぐに連絡をして、僕の打撃フォームも見てもらえますか、とお願いできた。

動作解析の指導では、やはり新しい発見はあったし、たしかな成果も出ている。


40歳を迎えた現在でも、まだまだレベルアップできると感じられるのは、現状に満足しなかったからだと思う。

毎日取り組んでいることが、うまくいかなくなったり、マンネリのように感じてしまうという経験は、誰もが少なからず持っているだろう。

そんな時は、ふと視点を変えて、新しいことにチャレンジしてみる。すると、新しい風が吹くこともあるのではないだろうか。

痛いか、痛くないか、ではなくできるか、できないか

野球選手にケガは付き物だ。おそらく、現役のプロ野球選手で体のどこにも異常がない選手など、いないと思う。

ただ、ケガをしたからといって、そうそう休むこともできないのもプロの現実だ。せっかくレギュラーポジションを獲得しても、ケガで試合を休めば、代わりに他の選手が出場することになる。

そして当然、その選手が活躍すれば、ケガが治って復帰した時に、自分の戻る場所がなくなってしまうのだ。

カープ復帰1年目にあたる２０１５年も、必ずしも体調万全とは言えないシーズンだった。

トレーナーからストップがかかるほどの状態だったこともあったが、僕は登録抹消されることなく、試合に出続けることができた。

開幕前には、右ひじに違和感を覚えた。次第に固まって動かないほどにまで悪化してしまい、一時はチームから離れた。

それでも、緒方監督に、

「お前、いけるよな？　開幕メンバーに登録するぞ」

と言われ、内心ではヤバいかもしれないと思いながらも、

「もちろん、いけます。お願いします」

と答えた。そして、開幕戦ではスタメンこそ外れたものの、代打で出場した。

その状態がようやくよくなった頃の5月。今度は、本塁打を打った衝撃で、左手の中指の付け根あたりを脱臼した。

甲子園での試合で、阪神の先発・能見篤史からカープ復帰後初となるホームランを放った後、ベンチに戻って違和感のあった左手を見ると、中指の付け根あたりの靭帯が、目で見てもわかるほどズレていた。

どうやら筋膜が切れていたようで、ケガをした直後は甲が腫れ、ドラえもんみたいな手になっていた。

手を動かして、腱の部分がズレる度に激痛、それを元に戻す度に、また激痛、という感じだった。

特に、速球派ピッチャーのボールを打った時などは、バットに当たった衝撃で激しい痛みを感じていた。

ファウルを打つ度にタイムをかけて打席を外し、間を取るふりをして痛みを我慢していたものだ。

手術をすれば治ると言われたが、その場合、術後2、3カ月は患部を固定しなければならず、当然、その間はバットを振ることができない。それを考えると、手術という選択に踏み切ることはできなかった。

結局、2016年も1年間、その状態でプレーを続けた。現在も左手の中指は外れたままになっているが、今では炎症が引いているので、痛みはそれほど感じない。だから打撃にも影響はなく、いい成績を残すこともできた。

２０１６年も、前年ほどではないが小さなケガや違和感はあった。首の筋を違えるなど、そのレベルの故障はしょっちゅうだった。

それでも自分としては、痛いか、痛くないかということは、野球をやることとは全く関係がない。バットを振れるか、振れないか、プレーできるか、できないか。それだけだ。

もちろん、これは、ケガを押して出場せよと言っているわけではない。また、選手は使ってもらっている立場なので、自分だけの意思で今日は出る、出ないなどと決めることはできない。だが、僕自身が試合に出られるかどうかを判断する基準は、そこにある。

痛いか、痛くないかではなく、できるか、できないか。痛くても、プレーができるのならば、自分はまだ大丈夫なのだ。

２００８年の北京オリンピックでもそうだった。あの時は、シーズン中から腰の痛みは感じていたが、星野仙一監督から４番は新井でいく、と言われており、痛いなどと言っていられる状況ではなかった。

結果的には、帰国後に腰の疲労骨折が判明して、シーズンの後半を棒に振ることになってしまったが、骨折したかどうかわからない時点では、痛みを感じていても、やるしかなかった。

あの時も、本当に腰は痛かったが、バットを振ることはできた。結果は出なかったが、これで野球ができなくなってしまっても後悔はないと、腹をくくってやっていたつもりだ。

一度引き受けた以上は、とことん、絶対にやり遂げなければならない。それが僕の信条だ。痛いか、痛くないかではなく、できるか、できないかということなのだ。

辛い時にこそ あえて自分を追い込む

２０１６年は、６年ぶりに１００打点をマークするなど、おかげさまでＭＶＰまで頂けるほどの活躍ができた。

これには、前年の反省があった。カープ復帰1年目の２０１５年は、右ひじの不安もあり、開幕こそ出遅れたが、4月中旬に4番に返り咲くと、そのまま5月、6月は好調をキープできた。

しかし、7月に入ったあたりから、数字が急降下してしまった。いよいよ夏本番を迎えた頃には、体が思うように動かなくなり、バッティングの状態も、どんどん悪くなっていった。

その反省を踏まえ、２０１５年のシーズン終了後は、もう一回体を追い込もうと、これまでにないぐらいジムに通い、ガンガン体をいじめてきた。

カープに復帰が決まった2014年のシーズン終了後にも、相当のトレーニングはしたが、その時以上にハードに練習した。

それにプラスして、2016年は、シーズン中にもウエイトトレーニングを行った。もともと僕は、シーズン中にはウエイトをしていなかったが、オフの鍛錬を維持するため、週に2回はウエイトをやるようにした。

2015年の夏場に状態が落ちた時は、疲れを感じたら、とにかく休むことに専念していた。

年齢的なこともあるのか、体が動かなかった。ヤバい、疲れを取るためには、とにかく休もう、休まないと。そう思ってやっていたが、結局、最後まで状態が上がることはなかった。

それが2016年は、体が疲れたと感じた時にこそ、あえてウエイトをやったりもした。それが功を奏したのか、年間を通じて状態がガクンと落ちることもなく、結果的によかったのではないかと思う。

逆転の発想ではないが、辛い時こそ、あえて自分を追い込んでいく。すべての人に

とって、このやり方がいいというわけではないと思う。だが、少なくとも自分にとっては、このやり方が、いい結果につながったシーズンだった。

“もう”ダメだではなく“まだ”ダメだ

あえて自分を追い込む。僕にとって、この究極と言えるのが、毎年、シーズンオフに鹿児島県の最福寺で行っている、護摩行《ごまぎょう》だろう。

2004年のオフに、テレビ番組の企画がきっかけで始めたこの行は、もう10年以上も続けていることになる。

護摩行とは、燃え上がる炎の前で般若心経などを唱えることで、人間の煩悩を炎と共に焼き尽くすという、密教の修行だ。

摂氏400度にも達する火柱の前で2時間近くもお経を唱え続ける護摩行は、尋常ではない苦しさだ。少し気を抜けば、苦しさのあまり失神する危険すらある。

3日間の行を終えた頃には、顔や手が真っ赤に焼けただれ、喉にまで火傷を負う。目も熱にやられてしまうので、何日かは文字を読むことすら辛くなる。

今では年中行事のようになっているが、慣れることなど、絶対にない。

年が明けて、1月中旬に行われる護摩行の日が近づいてくると、いまだに行きたくないと感じるし、すごく憂鬱になってくる。

ただ、自分の感覚として、これから逃げては絶対にダメだというものはある。**苦しいことから逃げてしまうと、嬉しいこと、楽しいことはやって来ないのだ。それは間違いない。**

護摩行をやったからといって、いきなり打てるようになるのか、野球がうまくなるのか、と言われると、もちろんそうではないだろう。

たしかに、どん底だった2004年のオフに、初めて護摩行を行い、翌年には初めてホームラン王を獲れた。だが、それが護摩行のおかげだったかどうかは、自分ではわからない。

ただ、精神的に得たものは、本当に大きかったと感じている。3メートルにも及ぶ火柱から逃げずに対峙し続けることは、自分との戦いだからだ。

この苦行をやり遂げると、例えばシーズン中に打てなくなったり、調子が悪くなった時でも、〝もう〟ダメだ、ではなく、〝まだ〟諦めてはダメだ、負けてはダメだ、と思えるようになる。まだいける、と思える強さの度合いが上がるのだ。

あれだけのことを耐えられたのだから、少々のことはまだまだ、まだこれからだ、という気持ちになれる。

死ぬかもしれないと思うほどの苦しいことをやり遂げたという自信が、苦境に立った時に、たしかな心の支えになる。

自分自身で限界を作ってしまうと、人間は、そこまでだ。それを超えたところまでは、成長することができない。

だが、〝もう〟ではなく、〝まだ〟と考えられるようになれば、その限界の壁を取り払うことができる。

プロ野球の世界は、楽をしてお金を稼げるほど甘い世界ではない。いや、これは一般の社会でも、会社で働く人たちでも、同じことだと思う。

大きな喜びを得るためには、それなりに苦しいことをしなければいけない。そして苦しみ、もがいて手に入れた喜びは、他の何物にも代えがたい輝きを放つのだ。

2016年のオフには、堂林翔太が、この護摩行を行うことになった。堂林は、これからのカープが強くなっていくためには、主力として活躍してもらわなければいけない選手だと思っている。僕も期待している若手の一人だ。ただ、護摩行への同行は、僕が勧めたわけではない。堂林本人が、自分から志願してきたのだ。

高卒3年目の2012年、当時の野村謙二郎監督に抜擢され、144試合フル出場を果たした堂林は、その期待に応えて、14本塁打を放った。そして、将来のクリーンアップ候補として、周囲から大きな期待を寄せられていた。

しかし、その後は出場機会が徐々に減り、一軍定着もままならない状態になってしまった。

２０１７年には26歳になる堂林だが、後輩の鈴木誠也が２０１６年に大ブレイクしたこともあり、自らの状況に危機感を持ち始めたのだろう。

そして、なんとか自分を変えるために、護摩行への同行を志願したのだと思う。その姿勢や精神は、素晴らしいものだ。

最初に堂林が護摩行に同行したいと言ってきたのは、シーズンの途中だった。ただ、その時は、断るつもりだった。

「想像以上にしんどいぞ。マジで死ぬかもしれないし、やめておいた方がいい」

僕がそう言うと、堂林は、

「それでもお願いします」

と、言ってきた。でも、首を縦に振ることはできなかった。

それからしばらくすると、堂林はまた同行を志願してきた。

「お前、本当に行くつもりなのか、中途半端な気持ちで言っているのだったら、絶対にやめた方がいいぞ」

頭を下げる堂林を、僕はまた突き放した。だが彼は、

「僕は行きたいです」

と、気持ちを変える様子はなかった。

しばらくそのまま放っておいたのだが、シーズンが終わった後、堂林は、

「お願いします」

と、またやってきた。

さすがに3回目ともなると、彼の強い決意を感じたので、

「よし、わかった。それなら一緒に行こう」

と、OKを出した。

同行をなかなか認めなかったのは、護摩行の尋常でない苦しさが一番だったが、堂林の気持ちが本気なのかどうか、試してみたところもあった。

僕が毎年やっていることなので、軽い気持ちでやってみようか、と勢いだけで頼まれては、こちらとしても困るからだ。

だが、彼が3回も頭を下げてきたことで、本当になんとかしなければならない、という強い思いを感じた。

堂林の中にも、〝もう〟ではなく、〝まだ〟という気持ちが生まれ始めているのかもしれない。

前にも書いたように、護摩行をやったからといって、すぐに野球がうまくなるわけではない。だが、素質は素晴らしいものを持っている選手だけに、何かのきっかけになってくれればと、期待している。

トライを続ける限り、負けではない

何度断っても護摩行への同行を諦めなかった堂林の姿は、これまでの自分に、どこか通じるところがあるように思える。

プロに入って、周りの先輩たちのすごさを目の当たりにした時。期待されて4番を任されたのに、全く打てずにその座を奪われてしまった時。

これまでのプロ生活で、くじけそうになったことは、数知れないほどあった。ただ、僕はどんな時も、負けたくない、逃げたくないという強い気持ちを、決して失わなかった。

それは護摩行に対してもそうだ。逃げたくない、という気持ちがあるからこそ、毎年、炎で顔や手を焼かれに、わざわざ鹿児島まで行くのだ。

何事に対しても、常にぶち当たっていきたいという気持ち。それがある限り、何事にもトライし続けている限り、人はたとえ失敗を経験したとしても、決して敗者にはならないと思う。

4番の座を守り切れなかった時も、そうだった。4番という重圧に負けた、やられてしまったが、もう一度、自分の力で必ず摑みにいく、取りにいくぞと考えた。たとえ失敗しても、何度でもトライし続けようと思った。

負けたくないから、逃げたくないから、何度でもトライする。そこから逃げた時に、自分は負けたことになる。

引退の2文字は、まだ僕の中で現実的なものではない。これからも自分から逃げることはしないつもりだし、トライし続けるだろう。だが、それでもチームの役に立てないと感じた時が、ユニフォームを脱ぐ時なのかもしれない。

現役生活が続く限り、僕は何かに挑戦し続けるつもりだ。

第2章

教え、導くということ

時代とともに人間関係も変わる

２０１７年の1月で、僕は40歳になった。40歳と言えば、不惑の年齢と言われるが、精神年齢が低いせいか、自分としては、ほとんどそんな実感はない。

今のカープには若い選手が多い。チームの主軸となって活躍する菊池や丸、２０１６年には最多勝投手のタイトルを獲得した野村祐輔にしてもまだ20代だし、２０１６年にブレイクした鈴木誠也にいたっては、もし大学に行っていれば、まだ卒業したばかりぐらいの年齢だ。

でも、彼らのようにひと回り以上離れた選手たちと接することも、自分にとっては全く苦にならないし、むしろ楽しいくらいだ。

食事にもよく一緒に行くし、みんなでバカをやったりもできる。

さすがに、ファッションや流行りものの話題にはついていけないこともあるが、野球に関することは今も昔も共通なので、会話に困ることはない。

カープの若手はみんな本当にいい子ばかりで、チーム内での人間関係で苦労することはほとんどない。

ただ、先輩と後輩の関係というのは、昔に比べると、ずいぶん変わってきている。僕が若い頃は、先輩は〝絶対〟だった。先輩というのは怖い存在で、普通に話ができるような感じではなかった。

学生時代などは、特にそうだ。広島工、駒澤大と、高校も大学も上下関係にとても厳しいところでやっていたので、余計にそう思うのかもしれない。

高校時代は、挨拶ひとつを取っても、厳しかった。下級生は、校内でも普段から常にダッシュで、歩いてはいけないという決まりもあった。

どんなに遠くにいても、先輩の姿が視界に入ったら立ち止まり、大きな声で挨拶をしなければならない。

廊下の端と端にいてもそうなので、間にいる一般の生徒がびっくりしてしまうことも、よくあった。

宝塚歌劇団では、上級生が電車に乗る時、ホームにいる後輩は、先輩の姿が見えなくても、電車が発車するまでお辞儀をし続けるという話を聞くが、まさにそんな感じだった。

プロに入ると、さすがにそこまではなかったが、やはり先輩との関係には、かなりの緊張感があった。

当時のカープには、現在の監督である緒方さんをはじめ、野村謙二郎さん、江藤智さん、前田智徳さん、金本さんなど、すごい人がたくさんいた。

僕は子供の頃からカープファンだったので、そういった偉大なスターを目の前にしてすっかり舞い上がってしまい、入団当初は同期入団の森笠繁と2人で、

「おっ、野村だ、前田もおる。あそこに江藤、江藤」

と、まるでファンみたいな会話をしていたものだった。

ただ、そういった今までテレビで観ていたような人たちとも、入団すればチームメイトになる。当然、人間関係を築いていかなければいけない。

謙二郎さんのような大学の先輩もいれば、緒方さんや前田さんのように、昔気質というか、怖くて気軽には近づけないような人もいた。

金本さんや黒田さんのように、特別、自分に目をかけてかわいがってくれる先輩もいたが、とにかく、先輩は絶対的な存在だった。

若い時は、先輩に食事や飲みに連れて行ってもらったら、すすんでその場を盛り上げることを心がけた。

先輩にイジられることもあったが、そこでもバカをやったりして、ピエロのような役回りに徹してきたつもりだ。

誘ってもらっている以上、自分が楽しむよりも、とにかく先輩に楽しんでもらわなければいけないと、常に考えていた。

だからこそ、あいつがいたら面白いからと、そういった場に呼んでもらえたのではないかと思うし、たくさんの先輩方から、かわいがってもらえたのではないかというのもある。

もちろん、人間なので相性はあるし、合わない先輩もいないことはない。ただ、そういった素振りは、後輩の立場で絶対に出してはいけないと思っていた。

そのあたりは、やはり高校、大学と厳しい環境で育ったので、上下関係というものが、身に染みていたのだろう。

相性が合わないとか苦手とか、自分の感情とは関係なく、とにかく先輩は絶対。そのルールの是非はともかくとして、これが僕の若い頃の、先輩との付き合い方だった。

後輩とはすすんでコミュニケーションを

プロで年数を重ねるにつれ、自分よりも年上の選手がほとんどいなくなり、球界でも僕は上の方の立場になった。

特に、今のカープは若い選手ばかりで、黒田さんと倉さんが引退した後は、ついに自分がチームの最年長になってしまった。

考えてみれば、もう40歳なのだから、当然のことなのかもしれない。

シーズン中は、若手を連れてよく食事に行く。地方遠征に行った時も、その地方の名産を食べに、美味しい店に10人ぐらいで行くこともある。

メンバーも、野手だけではなく、投手陣も含めて、まんべんなく声をかけているつもりだ。

カープの若手は本当に素直でいい子が多いので、みんなかわいいし、一緒にいて楽しい。

食事に行くと、最初は冗談を言ったり世間話をしたりしているが、気づけば必ず、野球の話になっている。

自分が気づいたことを若い選手に伝えることもあれば、逆に向こうから相談されることもある。シーズンの大事な時期などには、みんなで「よし、頑張ろう」と、気合を入れ直すこともある。

練習や試合中のグラウンドでも、レギュラーの選手とは、努めてコミュニケーションを取るようにしている。

例えば、2016年は1番打者として活躍していた田中広輔の場合だと、広輔が一塁ランナーで、僕が打席に入っている場面を想定する。彼は足の速い選手なので、その日のピッチャーは盗塁できそうかを聞く。

そういった会話をすることで、広輔が走りやすいピッチャーなら、自分はワンストライクまで待つとか、事前に確認しておくのだ。

菊池や丸にも同じような話をする。このピッチャーの場合、ランナーに出たら、今日は走れそうなのかどうか。

クイックモーションのタイムを確認して、例えば菊池や丸の方から「△・△秒前後だから勝負はかけられるけど、新井さんは気にしないで打ってください」と言われることもあるし、本当に走れそうな感じだったら「走る時は一球待つから」と、こちらから伝えておいたりもする。

試合中でも、常にこういったコミュニケーションを心がけているが、この手の話は、だいたい僕の方から、若手に聞くことが多い。

それによって、若い選手たちが、
「新井さんは、そういうことも考えているんだ」
と思うようになれば、次は自分も、他の選手に対して同じことをするようになるはずだからだ。

叱るのではなく見せることで気づかせる

後輩と接するときに気をつけているのは、できるだけ壁を作らない、ということだ。上から物を言うのではなく、できるだけ話を合わせるようにしているし、時には自分から冗談を言って、バカをやったりすることもある。

菊池や丸などは、時には僕をイジったりもするが、それもかわいいものだ。

もちろん、先輩後輩として一線を引く部分は必要だが、彼らはそれをしっかりわきまえているし、逆に言えば、自分に対してそれだけ心を開いてくれているというのは、嬉しいことでもある。

自分たちが25、26の時に、40近い先輩と気軽に話すということは、とても考えられなかったが、それも時代、というか、環境が変わっているのだと思う。

世間一般では、「ゆとり世代」などと、何かと悪い例に持ち出されがちだが、たまたまそういう時代に生まれ、小さい頃から、ゆとり教育の環境で育ってきたのだから、仕方のないことだろう。

その世代の子たちと接していて感じるのは、頭ごなしに物を言ったり、自分の経験を押し付けても、通じないということだ。

彼らのレベルまで降りる、というわけではないが、今の若い選手と付き合うためには、時には同じ目線で考えて、話をしてあげなければいけないのだ。

もちろん、言うだけでもダメだ。基本的に僕は、自分が率先してやる、ではないが、そういう姿を見せなければいけないと思っている。

この年まで野球をやらせてもらえて、ある程度の実績を積み上げることもできた。

年齢的にも自分がチームで一番上になったが、だからといって、いつも口だけで上から偉そうにするのは、性分的に、僕にはできない。

試合中のプレーでも、例えばノーアウトで二塁にランナーがいる時、進塁打のサインは出ていなくても、詰まった当たりでも右方向にゴロを打ってランナーを進める打撃を、意図的にやっていた。

あるいはノーアウトかワンアウトで三塁にランナーがいて、二遊間の守備位置が後ろに下がっていた時などもそうだ。

ゴロを打てば1点が入る場面では、三振だけはダメだと考え、バットを短く持って構えた。内角の難しい球に対し、バットを折りながらもセカンドにボテボテのゴロを打って、ランナーを還したこともあった。

試合中にベンチにいる時も、周りに声を出せ、と指示する前に、まず自分で大きな声を出してきた。

そういうのは若い選手の仕事だ、と言われることもあるが、僕はそうは思わない。

何事でも、まずは自分がやらないといけないと考えている。

キャンプでも、若手に交じって早出練習をしたり、ノックの時にも積極的に声を出すことを心がける。特に、カープに復帰してからの2年間は、意図的にやってきたつもりだ。

それによって、

「新井さんでも、ああいうことをやっているぞ」

と気づいてもらいたいし、実際に、若手がやってくれているという手応えもある。

最近の子、という言い方はあまり好きではないが、特に最近の子は、頭ごなしに言ってもダメだ。まずは自分がやって見せてあげる方が、何かに気づいてくれることが多いと思う。

責任を与えられるのは認められている証拠

これまでの野球人生を振り返ってみると、プロに入り、最初は「やらされた」練習で一人前になることができた。そして、そこから、自分で考えてやれるようになるまでには、結構、時間がかかった。

転機になったのが、マーティー・ブラウンの監督就任だった。達川さんと山本浩二さんが監督の時代には、とにかく練習をやらされて、やらされて、自分で考えてやる余裕などなかった。

浩二さんの監督最後の年となった2005年、僕は初めてホームラン王を獲ることができたわけだが、今考えれば、入団からその年までは、「やらされた」練習のおかげで、プロでやっていく下地を作ってもらった時期だった。

そして、2006年にマーティーが監督に就任すると、チームの雰囲気がガラリと変わった。彼は選手個々の自主性を重んじる方針で、僕は投手キャプテンになった黒田さんとともに、野手キャプテンに指名された。

マーティーからは、コミュニケーションの大切さを学んだ。彼は本当に対話の多い人で、キャプテンに指名した僕や黒田さんだけでなく、常日頃から、積極的に選手に話しかけていた。

ある程度のキャリアがある僕らに対しては、一言えば十ぐらいはわかってもらえると信頼されていた感じで、ベテランやレギュラーに定着していた選手よりも、むしろ若い選手や、控え選手たちとの会話の方が多かった記憶がある。

マーティーとの関係は、これまで自分がやってきた日本野球の監督と選手の関係とは、少し違っていた。

本当に、選手一人ひとりの気持ちに寄り添って、対話をしているんだなということを感じた。だから当時は、マーティーのことが好き、という選手が、結構多かったように思う。

コミュニケーション能力の高さと、その大切さを教わったのが、マーティー・ブラウンという監督だった。

僕の立場も、マーティーの就任で大きく変わった。マーティーには、僕と黒田さんがチームを引っ張るように言われ、キャンプからの調整も、すべて任せると言われていた。

それまで、ずっと「やらされる」練習だった僕にとっては、自分自身で考えて調整できるのは、初めての経験だった。

ただ、いっぱしの選手だと認めてもらえて嬉しいという気持ちもあったが、逆に怖いという気持ちもあった。

任されるということは、そこに責任も生まれるからだ。成績も当たり前のように残さないとならなくなるし、嬉しい反面、最初は怖かった記憶がある。

この頃から、周りのことも考えられるようになった。それまでは、とにかく練習も、何もかも大変だったので、人のことを気にしている余裕がなかった。

キャプテンという肩書きが付いたこともあるが、自分に余裕ができたことで、チームのことも気にしなければいけないと、考えるようになった。

認められたからこそ、責任も生まれる。マーティーの監督就任が、僕の大きな転機のひとつになったことは間違いない。

個性を見極めれば関係性が円滑に

カープに復帰して2年になるが、復帰1年目は、若いチームメイトのことを、一歩引いた目で見ていた。

もちろん、それまでも阪神でカープと対戦していたので、各選手のことは知らないわけではなかった。だが、実際のところ、どんな性格かというのは、外から見ただけではわからなかった。

だから、まずはとにかくコミュニケーションを多く取るようにした。一緒に食事に行く機会も意識的に多く作ったし、野球のこともいろいろ話した。

ただ、その時はまだ一歩引いて彼らのことを見ていた。復帰1年目は、言った方がいいかなと思ったことも、あえて言わないようにしていた。

まずは、この選手はどういう性格なのかを見極めようと思った。

そうして理解を深めたうえで接した方が、彼らとの関係性がより円滑になる、と感じたのだ。

一般社会でも、会社の後輩と接したり、あるいは家庭で子供を育てる時、この子はこんな性格だから、こう接した方がいい。叱るときには、こういう言い方をした方がいい、というのはあるはずだ。

相手の個性に合わせず、自分のものさしだけで判断したり、頭ごなしに叱るのは、絶対にダメだ。

だから、この子には少々キツめに言った方が効果が上がるだろうとか、この子は同じ目線で言った方が話をちゃんと聞いてくれそうだ、とか、そういったことを1年目は見極めていた。

復帰2年目の2016年、1番、2番、3番を打ち、リーグ優勝の中心になった田中広輔、菊池涼介、丸佳浩の同級生3人組は、みな個性的で面白い。

3人とも、素直でかわいい後輩、というのは共通しているが、それぞれがどんな考えを持っていて、どんな性格かというのは、最初の1年間でだいたいのところは把握したつもりだ。

広輔は、本当にマイペースなところがあるが、高校から社会人まで名門チームでプレーしてきただけに、野球に対しての考え方は、しっかりしたものを持っている。

キク（菊池）は、一見すると自由奔放な雰囲気で、細かいことは気にしないタイプのように見えるが、実はいろいろなことを、冷静に、すごくしっかりと見ている。

ああ見えて、人のことを気にするタイプだ。広輔とは対照的に、地方の大学でのびのびと野球をやってきたせいもあって、いかにもノリがよくて軽い、最近の若者という感じに誤解されることも多いと思うが、しばらく付き合ってみると、そうではないことがわかる。

この人はああいう人だ、あの人はこんなところがあるな、としっかり見ていて、実はいろいろなところに、常に気を配っている。

そして丸は、もう見たまま、あのままの性格だ。「丸でーす、はい、ヨッシャー」みたいな、そんな感じと言うしかない。

裏表もないし、よく言われる竹を割ったような性格、というのを地でいくタイプだと思う。

この言い方が合っているかどうかはわからないが、〝わかりやすい〟という表現が適当だろう。

僕は基本的に「聞かれたら答える」というスタンスで、自分から後輩を指導したり、注意したりすることはあまりない。だが、この同級生トリオのうち、広輔には、気になっていたことを、直接アドバイスした経験がある。

ある試合で彼がエラーをして、味方の失点につながった時、ピッチャーに対しての配慮に欠けるところがあった。

タイムがかかり、ピッチングコーチがベンチから出てきて、内野手全員がマウンドに集まる。そういうシーンで、本来なら自分のエラーについて、仲間のピッチャーに「悪い」とか、年上なら「すみません」のひと言ぐらいはかけるべきところを、広輔はそれをしなかったのだ。

僕は、それがあまりいいことではないと感じていたので、

「ピッチャーも一生懸命投げているのだから、エラーして悪かったという気持ちを伝えないとダメだ。そうしないと、誤解されてしまうよ」

と、彼に話した。

根は素直な広輔は、それからはちゃんと、自分がエラーしてしまった時は、ピッチャーの近くに行って、ひと声かけるようになった。

リーグ優勝の立役者と言えばもうひとり、鈴木誠也の存在も忘れるわけにはいかない。彼も、僕が通算2000安打を記録した試合で、注文通りに2本の本塁打を打ってくれるなど、愛すべき後輩だ。

誠也は、いい意味での野球バカと言うか、真っ直ぐな心を持っている。

彼の場合は、まだ本当に若く、高校を出てすぐにプロ入りしたこともあって、まだ外の世界をあまり知らない。よくも悪くも影響を受けやすいので、間違ったことをしているなと思ったら、ちゃんと注意してあげなければいけないと思っている。

素直であるが故に、しっかりした環境を作ってあげないと、悪い影響を受けてしまいかねないのだ。

2016年の活躍で、誠也は初めて、侍ジャパンのトップチームのメンバーに選ばれた。

自分も少し経験があるのだが、代表には、各チームからいろいろな選手が集まるし、ファンの注目度も高い。そこで勘違いをしてしまったり、プレーの面でも、自分には合わない調整法に感化されてしまったりと、間違った方向に流されて、チームに帰ってくることがある。

誠也は、まだ若いのにすごくいい考えを持っているので、これまで通りにやっていってほしい。その点では、変な方向に行ってしまわないように、見守っていきたいと思う。

ここまで取り上げた選手の他にも、小窪哲也や會澤翼、安部友裕や松山竜平、その他、投手陣も含めて、カープの若手は本当にいい子ばかりだ。

それぞれ個性があり、考え方も違うので、そのあたりをしっかりと配慮していけば、これからも、いい雰囲気のチームを作っていけるはずだ。

〝イジリ〟と〝イジメ〟は違う

チームの明るい雰囲気を作るためには、時には誰かがピエロのような役割を買って出て、場を盛り上げることも必要だ。

僕も若い頃は、先輩たちやチームのみんなに喜んでもらうために、そういう役目を買って出たこともあった。

先輩後輩の関係で言えば、若い選手をイタズラなどの標的にして、みんなで盛り上がる、ということもある。いわゆるイジリというやつだ。

若手の頃には、自分も金本さんなどにしょっちゅうイジられていたが、その時と同じように、僕も現在は、誰かにターゲットを定めて、周囲の笑いをとったりしている。

ただ、このイジリというのも、そこに愛情があるからこそ成り立つものだ。愛情がなければ、イジリではなく、ただのイジメになってしまう。

例えば、優勝が決まった時、黒田さんが、

「次は松山の家でビールかけをやるので、皆さん来てください」

というようなことを、冗談交じりに言っていた。

僕も松山をイジることがあるが、それには、黒田さんも僕も、まっちゃんに対して愛情を持っている、というのが前提にある。

同じようなことをやっていても、それが〝イジリ〟なのか、〝イジメ〟なのかを判断できるのは、周りの人の反応ではないだろうか。

その状況が面白く見えたり、愉快に感じるのであればイジリだが、少しでも嫌悪感を感じるようなら、それはもうイジメになってしまう。

要は、そこに気持ちがあるのか、心があるのかということが大事なのではないだろうか。

もちろん、このイジリというのも、人を見てやらなければいけない。冗談でも、自分のことをオトされるのを、本当に嫌がる性格の人もいるからだ。

そういう人にとっては、こちらに愛情があったとしても、イジリではなくイジメになってしまうので、注意しなければならない。


僕自身、チームの年長者であるにもかかわらず、今でも後輩の菊池や丸などにイジられることがある。自分はいかにも先輩だ、という顔をしてチームがギスギスした雰囲気になるぐらいなら、イジられるのもいいか、と思っている。

チームのみんなが本音を言い合えるような環境を築きたいし、後輩には余計な気を遣ってもらいたくない。

ただ、そういうことを常に意識してやっているのかと言われれば、そうではなく、素でやっている部分もあると思う。これは自分の性格なので、なんとも言えないところなのだが。

いずれにしても、僕が後輩をイジる時も、逆に後輩にイジられる時も、そこに愛情があるかどうか。それが大事なことだと思う。

指導はまず観察から始まる

この年齢になると、若い選手から技術的なアドバイスを求められることがある。その時も、相手がどういう選手なのかを、しっかり考えてあげる必要がある。

僕も若い頃は、オールスターに出場した時などに、他球団の一流選手に、いろいろと話を聞いたものだ。

スイングの時、どのようにバットを使うのか。打席に立った時、どんなことに気をつけているのか。

オールスターに出るような選手は、本当に超一流ばかりなので、技術的に高度な話をされることもあったが、どれもとても参考になった。

それが今では、年齢的なこともあり、自分が尋ねられて、説明する立場になっている。

技術的なことに関して、僕は基本的に、「聞かれたら答える」というスタンスだ。カープの若手選手を見ていると、気になることはよくあるのだが、こちらから言うことはほとんどない。

昔は、技術とは教えてもらうものではなく、見て盗むものだ、という風潮があったとも聞く。

中日ドラゴンズで活躍した山本昌さんのように、決め球であるスクリューボールの握りは、絶対に人には教えなかったという人もいる。

それは人それぞれの考え方だと思うが、僕の場合は、自分でわかることなら、できるだけ教えてあげたい、と思っている。

ただ、人に教えるということは、ものすごく難しい。

若手とはいえ、みんなプロになるような選手だから、それまでの自分のやり方もあるだろうし、何よりも、その人の感覚というものがある。

そこで、自身の経験や感覚だけで話をしてしまうと、自分ではそう意図したわけではないのに、とんでもない方向に誤解されてしまう可能性も少なくない。

例えば、バッティング。自分としては、真っ直ぐに立って、タイミングを早めに取るなど、これを心がけておけば大丈夫、というものがある。

だからと言って、それがすべての人に当てはまるということは、絶対にないはずだ。

人間は一人ひとり、違う体を持っている。腕の長さが違えば、骨格も違うし、関節の可動域も全然違う。各自が持っている体の使い方や癖なども、全く別物だ。

だから、自分の感覚でこうやった方がいいとアドバイスしても、全く違うことをやっている場合があるわけだ。

そう考えると、この選手が自分が教えたいようになるには、どういう言い方をすればいいのかを、吟味する必要がある。

普段から注意深く観察して、このような体の使い方をするには、この選手にはどう言えばいいのかな、と考えなければいけないと思う。

結果的にどうなってほしいか、答えの部分は一つしかない。

だが、そこに到達するまでの方法も一つかと言えば、これはまた全くの別物で、10人いれば、10通りのやり方を考える必要がある。

一人ひとりが別物なので、そこを考慮しなければならないのは、すごく大変なことだと思う。

このように、人に物を教えること、コーチングというのは、容易にできることではない。

引退したら指導者に、ということをよく言われるが、自分が指導者に向いているかどうかは、正直、よくわからない。

ただ、人に何かを教えて、育てるということには大きな責任が伴うし、相当なエネルギーが必要だということだけはわかる。

リーダーに必要なのは愛情と情熱

僕なりに考えるリーダーに必要な条件を挙げるとすれば、それは愛情と情熱ではないだろうか。

相手の気持ちに寄り添ってあげることができて、そこにはもちろん、ある程度の厳しさも必要だ。

真のリーダーは、相手となあなあな関係になってはならない。そして、悪いところがあれば、怒るのではなく、ちゃんと叱れる人でなければならない。

〝怒る〟と〝叱る〟の違いは、そこに愛情があるかどうかだと思う。愛情もなく、ただ自分の感情でガミガミ言うのは、怒っているだけだ。

この子にはこうなってもらいたいから、だからこそ強い言い方をしなければならない。それが、愛情がある、叱るということではないだろうか。

上の立場の人に、そういった情熱や愛情がなければ、その組織はうまく回らないだろう。

マネージメント能力、という言葉があるが、その能力が高いのは、しっかりした情熱と愛情がある人。それが絶対条件ではないかと思う。

叱ることは
叱られることの倍辛い

僕はこれまで、たくさんの指導者に教わってきたが、その中でも、駒澤大学時代の太田誠監督は、特に愛情の深い人だった。

太田さんは、すごく怖い人でもあったが、厳しさの中に愛情がある人だった。

時には手を上げられることもあったが、そこに愛情が感じられたので、痛い思いをしても耐えることができた。

その場の感情だけでバシバシ殴ったりする人には、いくら昔の封建的な風潮の時代でも、誰もついていかないと思う。

暴力を肯定するつもりは、決してない。だが、**叱られている方にも愛情が伝わるということは間違いなくあると、僕は自分の経験から断言できる。**

太田監督だけでなく、子供の頃は父親、そしてプロに入ってからも大下さんや野村謙二郎さんなどに、手を上げられたこともあった。でも、そのどれからも、たしかに愛情を感じることができた。

そもそも、殴る方は殴られる方よりも、倍ぐらい、精神的な体力を使うものだ。単純に手が痛いということもあるし、叱るということには、相当大きなエネルギーが必要になる。

相手の気持ちに本当に寄り添っていれば、人を叱ることは、叱られることの倍ぐらい大変だと思う。

誰でも、いちいち口うるさいことは言いたくないものだ。それでも、コイツのために、と思って、いろいろと考えながら、思い切って言う。

それはとても大変なことだし、相手のことを本当に思っていなければ、できないことではないだろうか。

環境を整えるのがリーダーの仕事

これまで、リーダーについて自分の考えを書いてきたが、つくづく監督というのは大変な仕事だと思う。

戦術や技術の指導に関しては、ヘッドコーチや専門のコーチがいるので、ある程度はその人たちに任せておけばいい。

それよりも、一番大事なのは、いかにチームが一丸となれる空気を作れるか、選手をやる気にさせることができるか、ということではないかと思う。

そのためには、選手に耳触りのいいことばかりを言っていてはダメだろう。**心を鬼にして、言うべきことを言わなければいけない時もあるはずだ。そして、それには、相当の体力が必要になる。**

選手と常にコミュニケーションを取って、やりやすい環境を整えてあげる。そして結果に対して、責任を取る。そのくらい、腹をくってやらなければできない仕事だと思うし、それが監督として、一番大事なことではないだろうか。

これは一般社会の組織の中でも、同じことが言えると思う。例えば会社で、社長が自分ひとりで何もかもやろうと思っても、それは不可能なはずだし、だからこそ部下や社員を信頼して、任せるところは任せなければならない。

それには、常に部下とのコミュニケーションを心がけておく必要があり、その結果、あるべき軌道から大きく外れそうだと判断した時は、なるべく早く、傷が浅いうちに、修正しなければならない。

それでも失敗してしまった時、最終的な責任を取るのが社長であり、監督だ。

組織とは、そういうものではないだろうか。

そう考えると、今のカープはいい環境にあると思う。選手や首脳陣だけでなく、裏方さんやスタッフの人も含めて、本当にアットホームで、ファミリーみたいな雰囲気がある。

これは阪神に移籍して、特に感じるようになった。とは言っても、決して阪神が悪いというわけではない。

阪神は、いい意味でも、悪い意味でも、マスコミ球団だ。親会社との関係が強いので、あらゆることに関する部署があり、それぞれに責任者がいる。

選手も、常にマスコミに追われているような感じなので、カープの若い選手たちのように、のびのびとやることが難しい。

全国区の人気球団だからこその宿命とも言えるが、カープのように球団全体がひとつにまとまるということを、なかなかやりにくいという側面があるのかもしれない。

カープにずっといれば、そういう世界があることはわからなかっただろうし、阪神は、自分にとってたくさんの経験をさせてもらった場所だと、今でも思っている。

話が少しそれてしまったが、そうやってチーム全体がひとつにまとまることが、優勝の大きな要因になったというのは、２０１６年のシーズンに身をもって実感した。

第3章

盟友・黒田博樹に教えられたこと

野球の神様は本当にいる

あんな黒田さんは見たことがなかった。

黒田さんと抱き合った瞬間、号泣どころではない。ウッ、ウッと嗚咽して、声にならないなかった。

それを見た瞬間、僕も我慢できなくなった。涙が一気に溢れ出してきて、止まらなくなった。

黒田博樹――。惜しまれつつも、2016年で現役を引退した偉大なピッチャーと僕は、多くの喜びや苦しみを共有してきた。黒田さんから、僕は本当に、たくさんのことを教わった。

プロに入ってから、ずっと追い続けていたリーグ優勝は、黒田さんにとってもまた、悲願だった。

日本では考えられないような高額年俸のオファーを断ってカープに復帰したのも、体が限界を超えていたのに、もう1年、現役続行を決意したのも、すべてこの瞬間のためだったのだろうと思う。

後から聞いた話だが、胴上げが終わった後、黒田さんは僕のことを探してくれていたらしい。

「お前がどこにいるのか、ずっと探していたんだけど、他の奴と抱き合ってたな」と冗談交じりに言われたが、自分もあの時は頭が真っ白になっていたし、目に入った人すべてと抱き合っていたので、誰が誰だかよくわからなかったというのが、正直なところだ。

ただ、黒田さんの姿を見つけた時、すでに黒田さんが泣いていたのは、よく覚えている。抱き合った時は、号泣以上の、嗚咽とも言える状態だったので、それで僕の涙腺も崩壊してしまった。

その後はもう、2人とも声を出すこともできずに、ただ抱き合って、ひたすら泣いていた、という感じだった。

マジック1で迎えた東京ドームでの巨人戦。先発投手は、黒田さんだった。大事な試合だからとか、首脳陣の配慮とか、そういうことではない。

本当に、ローテーションの順番通り、黒田さんが登板する日だったのだ。

これにはもう、「やっぱり黒田さんなのか」と思うしかなかった。すごいな、やっぱりそうなるよな、と変に納得してしまった。

野球の神様って、やっぱりいるんだな、ちゃんと見ていてくれたんだなと、試合前には、そんなことをぼんやりと考えていた。

視野を広げることが成長を後押しする

黒田さんは自分の2歳年上だが、僕が入団して3年目ぐらいのまだ若い頃から、よく食事に連れて行ってもらうようになった。

その頃から、投手と野手の違いはあるが、お互いに考え方が似たところがあった。黒田さんの言っていることには、ほとんど同調できたし、疑問を感じたり、異論を持ったことはない。

グラウンドの中でも、外でも、一緒にいれば、常に野球の話をしていた。

かなり早い時期から、黒田さんには、

「オレはピッチャーを引っ張っていけるように頑張るから、お前は野手を引っ張っていけるように頑張れ」

と、いつも言われていたし、

「ピッチャーと野手、お互いに垣根をなくして、本当にまとまりのあるチーム、そういう雰囲気を作っていこう」

ということもよく言われた。

当時のカープはBクラスがずっと続いていた状態で、ドラフトの逆指名やFAによる主力選手の流出もあり、戦力的にも他球団と比べると劣っていた。

そんな状況で、ジャイアンツなどの強いチームに勝つためには、チームが一丸となって、やるぞ！　という雰囲気を作らないと絶対にダメだ。黒田さんは、いつもそう言っていた。

　そう考えると、黒田さんとは「どうすれば勝てるようになるのか」について、常に話していたように思う。


　チームの順位は一向に上がらなかったが、個人的な成績で言えば、黒田さんの言葉通り、お互いにチームの中心的存在になって、初めてタイトルを獲ったのも、同じ2005年だった。

　黒田さんは最多勝で、僕はホームラン王になった。もっとも、この年はチームが最下位になってしまったので、苦い思い出でもあるのだが。

　2006年に、マーティーが監督に就任して以降は、黒田さんが投手キャプテン、僕が野手キャプテンに指名され、文字通り2人でチームを引っ張っていかなければならない立場になった。

　その時、黒田さんに、

「お前はもう、チーム内での競争はないのだから、チームという小さい枠で物事を考えたらダメだぞ」

と言われたのを覚えている。

当時は、今は巨人の村田修一がベイスターズにいた時期で、

「横浜にお前と似たタイプで、4番を打っている村田という奴がいるだろう。村田には絶対に負けないという気持ちを持て。これからは、外を見ておけよ。自分よりも成績がいい選手を見て、そいつに勝ちたいと思ってやれ」

とアドバイスを受けた。

会社員に例えるならば、社内の同期争いやライバル争いだけに目を向けるのではなく、同業種の競合企業で同じような役が付いた、仕事ができると言われている人を見ろ、という感じだろうか。

視野を広げて外に目を向ければ、考え方や行動も変わってくる。その頃からそういうことを考えていた黒田さんは、やっぱりすごいと思う。

プレーのことだけでなく、黒田さんとは、ファンサービスなど、球団の運営についても一緒に考えていた。

マツダスタジアムが連日満員になる今とは違い、前の市民球場の時代は、スタンドもガラガラだった。

当時は、どうすればお客さんが球場に来てくれるのか、どんなファンサービスをやればいいのか、2人でずっと話していたものだ。

現在でも行われているが、ホームゲームで勝った日、ヒーローインタビューの後に行われる選手との記念撮影。あれも実は、その頃に始めたものだ。

球団の営業サイドから、そういったことをやりたいと、はじめに黒田さんと僕に打診があった。ぜひやりましょうとなって、他の選手にも話をしたところ、みんな快く協力してくれた。

ビジターの試合でも、神宮球場の最終戦で、カープファンのいるレフトスタンドに、サインボールを投げ込んだりしたことがあった。

ホームゲームの最終戦ではよく見かけるこのファンサービスも、ビジターでは普通はやらないものだ。だが、その頃から関東の球場、特に神宮では、レフトスタンドのカープファンが増えていたので、やってみてもいいだろう、という話になったのだ。

選手として、チームがどうすれば強くなるか、ということを考えるのは、普通によくあることだ。

それが当時の黒田さんと僕は、カープ球団の経営的なことまで考えていたわけだから、改めて考えると、これは結構、珍しいことだと感じる。

どうすればもっとお客さんが入ってくれるのかとか、そういうことを考える選手って、なかなかいないのではないだろうか。


黒田さんとは、FAで他球団に移籍したのも同じ2007年のシーズン終了後で、何か運命のようなものを感じざるを得ない。

これも、1年早くFA権を取得していた黒田さんが、ファンの声援を受けて、メジャー移籍を1年、先延ばしにした結果だった。

その黒田さんと僕が、再びカープのユニフォームを着たのも、同じ2015年だった。カープに復帰することはありえないと思っていた自分が、全く違う意味で日本に復帰することになった黒田さんと、広島でまたチームメイトになる。

これも、もしかしたら、野球の神様が導いてくれたことかもしれない。

それから2年後のリーグ優勝。奇跡的な出来事が多いシーズンだったが、ひょっとすると、本当のミラクルは、あの時から始まっていたのかもしれない。

信頼を寄せられる相棒がいる強み

ピッチャーとしての黒田さんが、チームで最も関わりが深かったのは、キャッチャーの石原慶幸と、2016年で現役を引退した倉義和さんだろう。

カープ復帰後は、黒田さんがお立ち台でヒーローインタビューを受ける時は、必ず石原の名前を出していた。

メジャーに移籍する前は、黒田さんが登板する試合では倉さんがマスクを被ることが多く、「黒田の恋女房」と呼ばれていた。

倉さんと石原は、２人とも僕ともウマが合う先輩と後輩だったので、黒田さんを交えて、よく食事に行ったりしていたものだ。

石原は東北福祉大学の出身で、金本さんの後輩だった。1年目は、ほとんど二軍だったので、あまり接点はなかった。

一軍に定着し始めた2年目、それは、金本さんがＦＡで阪神に移籍した年だった。

金本さんがチームを離れる時、

「石原はオレの後輩だから、よろしく頼むぞ」

と言われていたこともあり、よく食事に誘った。

最初は、金本さんに頼まれたから、と誘っていた部分もあったが、話をしてみるとすごく気の合う男だったので、すぐに自分から呼びたい後輩、に変わっていた。食事に行く時には、石原が一緒なのは当たり前で、他に誰かを誘っておけよ、という感じだった。

石原は一見、寡黙なタイプに見えるかもしれないが、食事やお酒の場も好きだし、ジョークなどを言う陽気な一面もある。

黒田さんと石原と僕という3人で行動することも結構あったし、僕と黒田さんがカープを離れていた間も、オフに黒田さんがアメリカから帰ってくると、広島で集まるメンバーの中に、必ず石原もいた。

もちろん、カープに復帰した後も、よく一緒にいる仲であるのに変わりはない。

黒田さんと石原は、ピッチャーとキャッチャーということもあり、やはり特別な関係のように見えた。

食事に行った時も、黒田さんはいつも石原に対して、例えば配球のことなど、真面目な話をしていた。

黒田さんと石原は4歳離れているので、自分がキャッチャー・石原を育てなければいけないという気持ちがあったのだろう。

倉さんの場合は、黒田さんとは学年がひとつしか違わないこともあり、付き合い方も、石原とは少し違っていたように見えた。

もちろん、倉さんとも真面目な話はしていたが、黒田さんが倉さんをイジったり、イタズラを仕掛けるようなこともよくあった。

ああ見えて、黒田さんは結構イタズラ好きな人だ。僕もコメントなどでは、しょっちゅうイジられていたし、カバンに石をびっしり詰め込まれるようなイタズラをされたこともある。

倉さんは気さくな人柄なので、ひとつ年下の僕でも、冗談を言ったりできる先輩だ。だから、黒田さんと一緒になって、倉さんにイタズラを仕掛けたりすることもあった。

黒田さんは、石原にイタズラをしたり、イジったりはあまりしていなかったようだが、それは年齢差などもあるだろうし、それぞれの性格なども考えて、接し方も変えていたのだろう。

いずれにしても、**2人が黒田さんのよきパートナー、相棒であり、信頼を寄せられていたことは、間違いない。**野手である僕にとっては、バッテリー同士のそんな関係が、時に少しうらやましくもあった。

芯の強さと犠牲心こそが、エースの条件

黒田さんのすごさは、何事にもブレない、強い意志を持っていることだ。これはメジャーに行く前にカープにいた頃から、一貫して変わっていない。**どんな状況でも、変わらない強い芯を持ち、自分のためだけでなく、周囲のために行動できる人だ。**

その強い芯を持ったうえで、黒田さんには犠牲心がある。チームのために、仲間のために、少々の無理は厭わず投げ続ける。

黒田さんの言葉として、よく取り上げられるものに、

「毎試合、この試合が最後になってもいいという気持ちでマウンドに上がる」

「この一球で、たとえひじが抜けてしまっても、後悔しないように投げている」

などというものがあるが、これこそが、黒田さんがエースと呼ばれる所以だろう。

チームのために腕を振る、身を粉にしてやる。たとえ、それで投げられなくなるとしても、まだいくぞ、ケガなんて関係ない、という犠牲心。

僕はそれを「ポジティブな悲壮感」と言っているのだが、マウンドの黒田さんからは、そういう雰囲気がひしひしと伝わってくる。

確固たる自分の世界を持ちながら、常に周囲に気を配ることもできる。リリーフ投手の連投が続いている時期なら、自分から続投を申し出る。

自分の球数や体の状態を優先することが、普通になってきている今の状況でも、黒田さんは、中﨑翔太や今村猛など、若いリリーフ投手のことを、常に気遣っていた。

だからこそ、周囲に信頼されるし、頼りにもされる。まさにエースと呼ばれる投手のあるべき姿だと思う。

カープに復帰してからの2年間、黒田さんは、常に万全ではない自分の体調と戦っていた。

メジャー時代に、ピッチャーライナーを顔面に受けた時からの首の違和感や、渡米前から悩まされていた腰痛、長年の勤続疲労による肩やひじの不安など、端から見ても、大変な状態であることはわかった。

黒田さんは、高校ぐらいから、野球を楽しいと思ったことは一度もないと言っていたが、僕もそれには共感できる。

自分もプロに入ってからは、楽しいと思ったことはない。しんどい、苦しい、そればかりだ。黒田さんも、おそらく同じだったのだろうと思う。

一般的には、多くの勝ち星を挙げたり、防御率などのタイトルを獲得するような投手のことをエースと呼ぶが、必ずしもそうではないと思う。

自分のために腕を振り続けるのではなく、周りのために腕を振り続けるピッチャー。

黒田さんこそ、まさにそういうピッチャーで、それこそがエースだと思う。

「ボロボロになるまでお前は辞めるな」

黒田さんが引退会見で、チームの中で、僕だけには先に引退を伝えていたと言っていたこともあり、それを聞いたのはいつか、とよく聞かれる。だが、正直、よく覚えていない。これは黒田さんも同じだと思う。

ある日、突然言われたわけではなく、黒田さんとは、常にそういう会話があったからだ。

黒田さんとは、ロッカーが隣だということもあり、普段からよく話していた。お互いの体の状態から具体的な試合の内容まで、いろいろな話をした。

復帰1年目となる2015年シーズンが終わる頃も、黒田さんは、

「もう、しんどいわ。体が動かないし、満足のいくパフォーマンスが出せないから、来年は厳しいと思う」

と言っていた。

僕は、黒田さんがそういうことを言うたびに、

「来年もお願いしますよ。もう1年、やりましょう」

と、ずっと引き留めていた。

本人の中では、その頃はまだ半々ぐらいの気持ちだったと思うが、現役続行を決めたと聞いた時はホッとしたし、素直に嬉しかった。

ただ、それと同時に、2016年がラストイヤーになるのだろうな、ということも薄々感じていた。

だから、本当に引退が決まったと知っても、それほどショックは受けなかった。

引退が正式に発表されて、コメントを求められた時には、「もう1年、やってくださいよ」と、黒田さんに伝えたという話はしたが、そうは言いながらも、実際はもう、覆されることは決してないのだろうと思っていた。

最後にもう一回だけ、引き留めてみようと思っただけだ。

チームが優勝に向けてひた走る中、シーズンの中盤ぐらいから、少しずつだが、引退についての話は2人でしていた。

引退を決めた後は、発表のタイミングをどうするべきか、黒田さんは悩んでいた。クライマックスシリーズが終わってから日本シリーズまで、1週間の期間があった。

黒田さんは周囲にとても気を遣う人なので、当初は、

「ここで引退を発表して、周りのみんなが硬くなってしまうのも困るし、相手の日本ハムのこともある。だから全部が終わってからの方がいいだろう」

と言っていた。その方が自分らしいのではないか、とも言われた。

たしかにそれは黒田さんらしい、とも思った。

ただ、言わずにはいられなかった。

「僕はやっぱり、シリーズ前に発表してほしいです。シリーズの前に発表すれば、ファンの人たちは『黒田のピッチングを見られるのは、これで最後だ。来シーズンは、もう見られないんだ』と思う。そうなれば、より一層、黒田さんの姿を強く目に焼き付けておくことができるじゃないですか。黒田さんには、最後にみんなからありがと

う、と言われながら、辞めていってほしいんです」

そんな言葉が出たのは、自分も小さい頃から、ずっとカープファンだったからだろう。選手でなく、一カープファンの立場として考えると、絶対に、最後の登板の前に言ってほしいと思ったからだ。

黒田さんには、惜しまれながら、感謝されながら、最後のマウンドに立ってほしい。みんなで涙を流しながら、黒田さんのラストを見たい。

僕がそう伝えると、黒田さんは、

「もうわからんから、お前が鈴木（清明）さんに言ってきてくれ」

と言った。鈴木さんとは、カープの常務取締役球団本部長で、黒田さんや僕が復帰する時にも、窓口になった人だ。

「こんな大事なことを自分が言わなければいけないの？」

と不安に思いつつも、僕はそれを鈴木さんに伝えた。

現役最後の登板となった日本シリーズの第3戦は、黒田さんが負傷降板し、その後に逆転サヨナラ負けという残念な結果に終わってしまったが、大谷翔平との最後の対決も含めて、たくさんの人の心に残る試合になったのではないかと思う。

第7戦まで行けば、もう一度黒田さんのピッチングを見るチャンスもあったが、それは結果なので、言っても仕方のないことだ。


引退を発表した黒田さんは、気持ちの整理もついたのか、

「本当に、最高の終わり方をさせてもらった。ありがとう」

と言ってくれた。僕も、

「本当に、出来過ぎですよね。ドラマでもないような、すごい話ですよね」

と答えた。

その時に、黒田さんは冗談交じりで、僕の引き際についても話し始めた。

「お前は、カッコよく辞めようと思うなよ。ボロボロになるまでやれ」

僕は、「えっ？」と思いながら、話を聞いていた。

「ケガをして、リハビリをしながら、ボロボロになってもやり続ける。そういう姿を後輩たちに見せてから辞めろよ。カッコよく辞めようなんて、絶対に思うな」

自分もこれまで20年近くプロでやってきて、そこそこ実績もあるので、多少はカッコよく辞めたいという気持ちもあるのだが、いかにも黒田さんらしいな、と思うしかなかった。

僕がいずれ引退して、将来は、黒田監督、新井ヘッドコーチのカープが見てみたい、という話をよくされる。だが、前に書いたように、自分には指導者はできないと思っている。

ただ、もし黒田さんが監督になった時、どうしてもコーチをやってくれと言われたら、考えるかもしれない。

なぜなら、監督である黒田さんに批判の矛先を向かわせるわけにはいかないからだ。その時は、コーチとして横にいる僕が、批判を全部受け止める覚悟だ。

監督という仕事は、勝てば官軍だが、負ければ絶対にボロカスに言われる。緒方さんの1年目もそうだったし、あの山本浩二さんでさえも、監督で結果が出ないと、いろいろと言われていた。

背番号15が永久欠番となり、広島のレジェンドになった黒田さんに、傷をつけるわけにはいかないし、そんな立場には立たせたくない。

　だから、黒田監督の横に僕がいたとしたら、自分が黒田さんの盾にならなければいけないだろう。そう考える一方で、やっぱり辛そうだな、やりたくないなと、思ったりしている。

第4章

人間力を高める

～野球人として、人として～

感謝の心を忘れない

２０１６年は、僕にとって最高の１年になった。

夢にまで見たリーグ優勝を果たしただけでなく、個人としても通算２０００安打を達成し、シーズンＭＶＰ（リーグ最優秀選手）にも選ばれた。

さらに、阪神時代の２０１０年以来となる１００打点も記録した。打点はチームの勝利につながるものだし、優勝した中での大台達成は、それなりの価値があるものだと思う。

いろいろなことがあったシーズンだったが、どの出来事を振り返ってみても、ひとりではできない、周囲の人に支えられてのものだった。

２０００安打達成の試合は、５本のホームランが出て、記念の試合を勝ちゲームにしてもらった。２回のエルドレッド、鈴木誠也、堂林翔太の３者連続ホームランには驚かされたが、エルドレッドと誠也は、さらにもう１本ずつ打ってくれた。

特に誠也は、試合前に、
「今日は2本打ってくれよ」
と冗談交じりに話していたのを本当に実現してくれたわけだから、たいしたものだと思う。

しかも、2本目は満塁ホームランだった。3者連続ホームランという派手なことを完成させてくれた堂林もそうだが、僕が特に期待している2人が活躍してくれたのは、自分の記録達成と同じか、それ以上に嬉しい出来事だった。

100打点の記録も、自分の前を打っていた田中広輔、菊池涼介、丸佳浩の1、2、3番トリオのおかげだ。

3人はよく塁に出てくれたし、足も速いので、僕の打点が増えた。ランナー一塁など、得点圏に走者がいなくても、左中間や右中間を抜く当たりを打てば、一気にホームまで還ってくれた。

ランナー二塁でシングルヒットを打った時でも、ちょっと守備の弱い外野手だったら、果敢に本塁に突っ込んで、得点してくれた。

その意味では、3人をストップさせなかった三塁コーチの河田（雄祐）さんにも、感謝をしないといけない。

MVPなんて、その最たるものだと思う。記者の投票による賞とはいえ、候補になりそうな選手は、僕の他にいくらでもいた。

2年連続でトリプルスリーを達成した、ヤクルトの山田哲人だったり、本塁打、打点の二冠王になった横浜の筒香嘉智などは、自分にはとてもかなわない成績を残した。優勝チームだから、ということであっても、キクや誠也、ピッチャーなら、最多勝を獲った野村祐輔、沢村賞のジョンソンなど、ふさわしい選手はいくらでもいる。

そんな選手たちを差し置いての受賞なので、本当に周りの人に獲らせてもらったものだと感じてしまう。

自分の力で摑み取った賞だとは、全く思えないのが本当のところだ。

振り返ってみれば、自分の野球人生は、たくさんの人たちによって引き上げてもらったものだった。

プロに入った時には、大下剛史さんにお世話になった。僕がルーキーの年にヘッドコーチだったのが大下さんで、1年で辞められたが、大下さんがいなければ、その後の自分はなかった。

1年目の春のキャンプでは、すぐにアキレス腱を痛めて、広島に強制送還されてしまった。

それからしばらくは治療とリハビリばかりで、野球の練習など、ほとんどしていなかったのだが、3月のオープン戦でいきなり一軍に呼ばれて、そこで打てもしないのに、開幕一軍のメンバーにも選ばれた。

シーズン中も、たまに二軍に落ちることはあったが、基本的には、ずっと一軍に置いてもらえた。

後で聞いた話だと、大下さんが僕のことを常にプッシュしてくれていたらしい。

本当によく練習をやらされて、辛いと思うこともあったが、とにかく大下さんがヘッドコーチでなければ、1年目はずっと二軍だったのではないかと思う。

お世話になった、たくさんの人たちの中でも、大下さんは一番の恩人、と言えるかもしれない。

金本知憲さんも、いろいろと面倒を見てもらった、特別な人だ。今はタイガースの監督なので、いわば敵になってしまったが、カープにいた時から、常にその背中を追っていた存在だ。

1年目の自主トレで、「お前が新井か」と声をかけられてからの関係だが、金本さんも間違いなく、僕を引き上げてくれた人のひとりだ。

シーズンオフになるといつも、トレーニング、トレーニングと、しつこく言われていた。遊ぶのは構わない。だが、遊ぶ前には必ずトレーニングをしろ、とよく言われたものだ。

その頃から、金本さんの紹介で通い始めた広島市内のトレーニングジムは、今でも新年の始動の場所として、通い続けている。

技術的なことを教えてもらう機会は、ほとんどなかったが、一度だけ、本格的な指導を受けたことがある。

４番の重圧に負けてしまった２００３年と２００４年のシーズンが終わった頃、僕は思い切って、阪神に移籍していた金本さんに、バッティングを教えてもらえないかと電話した。

金本さんからは、

「お前がホンマにオレの言うことを聞くなら、教えてやる」

と言われたが、一度失った4番の座をどうしても取り戻したかった僕は、その言葉に従った。

金本さんに教えてもらったのは、主に打撃フォームのことだ。

真っ直ぐに立って、軸をそのままキープして回転する。その時、前に突っ込まず、肩が突っ込まないように回れと、そういう基本的なことを教わった。

思えばそれまでは、基本がない状態で、本当に感覚だけで打っていた。基本になる形がないので、状態が悪くなった時に、修正することができなかった。

打てなくなった時、どこがどう狂っているから、こう直せばいい、ということが、全くわからなかったのだ。

今振り返ってみると、構えた時のグリップの位置も低く、そこから上に向かって打っているようなスイングだった。

「空に向かって打て」というのを、僕のファンの人だったら覚えてくれているのではないだろうか。

それでも、そこそこ打てて、成績も右肩上がりだったので、問題を感じることもなかった。

それが、金本さんが移籍して4番を任されるようになって、みんなに期待されるなかで、大コケしてしまった。

6番や7番を打っていた時とは違い、4番の場合、ダメだった時の反動がすごかった。自分でもヤバい、ヤバいと思っているうちに、迷子になってしまった感じだった。

技術的な基礎が何もなく、感覚だけで打っていたので、一度崩れてしまったら、戻る場所がなかったのだ。

藁にもすがる気持ちで、金本さんに教えてもらったことを、何度も、何度も繰り返して、体に染み込ませていった。

それでやっと基礎ができたおかげで、現在では、少しバッティングの状態が狂った時は、まずそこに戻るようにしている。


他にも、僕が打てなくても、ずっと4番で使ってくれた山本浩二さんや、大学時代に練習を見てもらい、プロでも常に叱咤激励してくれた野村謙二郎さんなど、感謝しなければいけない人は、たくさんいる。

もちろん、グラウンドの中だけでなく、普段の練習などを助けてくれる裏方の人や、何があっても常に味方でいてくれる家族や親戚、そして何より、一度チームを離れた僕を、温かく迎えてくれたファンの人たちなど、感謝を忘れてはいけない人は、数え切れないほどいる。

時には外から客観的に組織を見てみる

カープに復帰して2年。リーグ優勝も経験して、本当にいいチームだということを実感しているが、これは一度、チームを離れた時期があったから、余計にそう思えるのではないかと思っている。

僕は2007年のオフにFA宣言をして阪神に移籍した。一度も経験していなかった優勝をするため、というのが、その時に理由として話していたことだが、実際はそれだけでなく、金本さんと一緒にプレーしたかった、というのが、一番の理由だった。

阪神に行った時は、あらゆる点で、カープとの違いを感じた。野球をやることに変わりはないが、むしろそれ以外のあらゆる点で、僕が知らなかった世界が、そこにはあった。

決して、阪神が悪いというわけではない。阪神に在籍した7年間は、カープにいたら絶対にできないような経験もできたし、チームメイトにも恵まれた。

何よりも、それまで知らなかった世界を知ることで、自分の視野が広がったことは間違いない。

阪神に行って一番強く感じたことは、いい意味でも、悪い意味でも、マスコミ球団だということだ。

先に移籍していた金本さんに、

「阪神はすごいぞ。マジ、半端ないぞ」

と聞かされていたが、行くまでは、きっと大袈裟に言っているのだろうと思っていた。

しかし、いざ実際にタイガースの選手になってみると、周囲のマスコミの数が尋常ではなかった。

新聞やテレビの担当記者も、カープなら、せいぜい各社1人か2人といったところだが、阪神では3、4人いる社もあった。

とにかく、周りにはいつもマスコミの人がいる感じで、落ち着ける時間が少なかったように思う。

記者へのコメントも、気を遣わなければならなかった。何気なく話したひと言が、ここまでやるかと思うくらい大きく誇張されて、フル装備で記事になる。

ひと言でも自分が口にしたのだったら、まだ仕方ない面もあるが、時には全く身に覚えのない内容が記事になることすらあった。

僕も実際、ある媒体に根も葉もないことを書かれ、一時、険悪な関係になった経験がある。

そういったことが続くと、何もしゃべらないというのが、一番の安全策になる。タイガースの若手は、天狗になって何もしゃべってくれなくなる、と文句を言う記者もいたが、取材する方にも問題はあると思う。

タイガースの若手も、素直ないい子ばかりだったが、あの環境にいれば、悪い方向に流されていってしまうのも仕方がないという気もする。

他の球団ならばおそらく、しなくてもいい苦労もしているだろうと思うと、かわいそうに思えてしまうこともある。

毎年、タイガースへの入団が決まって喜んでいる選手の姿を見ると、祝福する気持ちももちろんあるのだが、これからが大変だぞ、と少し心配になってしまう。

特に、ドラフト上位などで注目されている選手だったら、なおさらだ。

人気球団の宿命、と言ってしまえば、それまでかもしれないが、若い選手には、本当に厳しい環境だと感じる。

その点、戻ってみて、カープの環境は素晴らしいものだと再認識した。

もし、タイガースの若手がカープに入っていたら、また全然違う道をたどっていたと思うし、逆に言えば、菊池や丸、鈴木誠也などがタイガースに入っていたら、これもまた、違っていたかもしれない。

そう考えると、環境というものは、人の運命を左右する、とても重要な要素であるということを、カープを離れて初めて知ることができた。

阪神での収穫は決してそれだけではないが、それがわかっただけでも、阪神に行った意味があったと思う。

信じられる言葉を持つ

インタビューなどで、何か試合前に必ずやっているルーティーンはあるか、と聞かれることがよくある。

僕はゲンを担ぐ方ではないし、趣味もほとんどない。性格もズボラなので、そんなものはないと思っていたが、よくよく考えてみればひとつ、試合前に必ずやることがあった。

毎年行っている護摩行の時に必ず言う言葉を、毎試合、試合が始まる前に、自分の心の中でつぶやいている。

護摩行が始まる前に、行を行うみんなで一緒に、大声で言う言葉がある。

最福時の池口恵観先生による、「誓い」というものだ。

護摩行を行う前、火が燃え上がる壇上に行く前に、別室に入る。

そこで先生が言うことを繰り返して、喉が張り裂けるのではないかというぐらいの声で叫んでから、護摩行を始める。

護摩行の修行中には不動真言を唱え続けるのだが、それとは違い、護摩行の本堂に歩いていく時、その文言を唱えながら修行に向かうのだ。

それが「誓い」だ。

私は我と我が生命を信じます。
身《しん》を洗い、
口《く》を磨き、
意《い》を高め、
しなやかに強く。
優しくたくましい精神を培います。
苦難にあっては、

これを知慧の試練と受け止め、
安堵の境地を、
慈悲として人と分かち合います。
心の饒舌を戒め、
我が内なる生命の声に耳を澄ませます。
日々　精神を鍛えて精進し、
光を我が熱き力として前進します。
我が生命のために、
全ての生命のために、
生かされている力の限りを以って、
尽くすことを
誓います。

これを試合前に心の中で、目をつむって暗唱する。それが自分自身の、心のウォーミングアップになっている。

僕の唯一のルーティーンだと言っていいのではないだろうか。

目標達成への道は刻まず、目の前のことを全力で

毎年、シーズンが始まる時期になると、マスコミの人から、1年の目標をよく聞かれる。

当然、チームとしては優勝という目標があるし、個人成績でも、3割を打ちたいとか、100打点はクリアしたい、などの大まかな数字はある。

ただ、**自分の場合は、それを達成するために、具体的にあれをやって、これもやるというように、計画的に物事を進めることはしない。いや、できないと言った方が適切だろうか。**

自己啓発の本などには、「まず大きな目標を定め、そこから細分化して、手の届きそうなことから始める。それをクリアできたら、また次に進む」などと書かれた文章をよく見かけるのだが、僕はそのやり方はできない。

計算するということが苦手だし、その瞬間がすべてだと思っている。最終的な結果は、一瞬一瞬の積み重ねなのだ。

僕としては、綿密な計算や計画をしてから取り組むよりも、全体の流れを決めずに動いていく方が、一瞬一瞬を120パーセントで取り組むことができるし、気持ちの入り方も変わってくる。

その結果、気づいたらここまで来ていた、というタイプの人間だと思う。

通算2000安打などは、まさにそんな感じだった。

黒田さんが、よく一球、一球、という話をしているが、それに通じるところがあるかもしれない。

黒田さんも僕も、そういった計算はしない。その時、その時にすべてを懸けるタイプなのだと思う。

ところが、人間のタイプにはいろいろあるもので、細かく目標を設定して、それをひとつひとつクリアしている選手もいる。

タイガースで同僚だった、鳥谷敬だ。

トリとは仲がよく、阪神時代はよく食事にも一緒に行っていたが、話を聞いてみると、なかなか面白い。僕とは全く違うタイプだ。

トリが言うには、自分は早稲田大学の頃から細かく目標を立てて、この時期にはレギュラーを取って、プロに行って、これだけの成績を残して、その後の自分がどうなっていくかという人生設計を、長いスパンで描いていたそうだ。

そして、驚くことに、これまでの人生で、彼はそれをほぼ達成してきているというのだ。

僕がまだタイガースにいる時だったが、

「僕は、自分で細かく目標を立てて、この年齢まではこんなトレーニングをして、次はあれをやってと、全部設定して、それを今までクリアできなかったことはないです」と、きっぱりと言っていた。

「お前、すごいな、よくそんなことができるな」

と、その時は驚いたが、そういう選手も実際にいるのだ。

登山で言えば、3合目に行くまではこれをやって、6合目に行く頃には、自分はこうなっているという感じだろうか。

とにかく、ひたすらガーッと突き進んで、気づけば目的地にたどり着いていた、という僕とは大違いだ。

カープの選手で言えば、メジャーに移籍した前田健太が、似たようなタイプかもしれない。

いずれにしても、そういうことができる人間は本当にすごいと思うし、僕には到底、真似できない。

ただ、そういうタイプの人間は時として、自分勝手な人間に見られてしまうことがある。自分のことをやっているだけだと、言われがちだ。

トリは頑固な面はあるが、根はいい奴だし、面白いところもあるので、ウマの合う後輩だった。

決して自分勝手ではないし、いい男なので、今でも仲よくしている。ただ、その話を聞いた時は、すごいなー、と驚いたものだ。

自分ではなく、チームの利益を常に優先する

２０１６年のシーズン終了後に、黒田さんと倉さんが引退されたので、僕はカープで最年長の選手になった。

年齢を重ねていくと、自分のことだけではなく、周囲のことも考えなければいけなくなる。

若い選手の相談に乗ったり、彼らが不満に思っていたりすることを、上に伝えるという役割もするようになった。

ただ、最年長とは言っても、今のチームの選手会長は小窪哲也だ。なので、どうしても自分で言わなければならないこと以外は、小窪に助言して、言ってもらうようにしている。

小窪は、高校、大学、大学日本代表と、ずっとキャプテンをやってきて、リーダーシップという言葉が、体に染みついているような選手だ。

自分の成績が悪い時でも、チームのために頑張っている姿を、あらゆるところで見せてくれている。

若い選手の意見を汲み上げたり、チームをまとめていくことは、小窪にとってもいい経験になるだろうし、勉強にもなるはずだ。

もちろん、小窪が言いにくいということや、頼まれるような案件があれば、僕は引き受けているつもりだ。

いずれにしても、彼が年上の自分に気を遣わないように、できるだけ、見守るようにしている。

そうして小窪が、ある程度、上の年齢になった時には、今度は下の世代の人間にそういうことを伝えていかないといけない。

それが、チームの伝統というものだろう。


僕自身の話に戻ると、2017年の1月で40歳になった。

年明けのウエイトトレーニングでは、まだまだ高い数値が出たし、バッティングなどでも、自分では衰えは全く感じていない。だが、さすがにこの年齢になると、周囲のことも含めて、引退の時期は意識せざるを得ない。

よくある先輩方の話では、ホームランになると思った打球がフェンス前で失速してしまったとか、よし、と思った球なのに、ストレートに振り負けて空振りしてしまうとか、そんな時に引退を決意したということだが、僕の場合は、今のところは全くそれを感じていない。

これもよく言われることだが、自分で引退を決められるのは、それだけ頑張って、実績を残した選手だけ、という話もある。

たしかに、全体で見れば、自分で現役続行を望んでも、契約してもらえず、球界を去る選手の方が多いのは事実だ。

自らの引き際を決めることができる選手は、幸せということなのだろう。

ただ、僕自身は、自分で引退を決められる選手ではないと思っている。自分が辞めたい時に辞めていけるとは考えていない。

黒田さんに言われたように、もう一回、最後に泥まみれになって、ボロボロになってもなお、一生懸命に這いつくばりながらやる姿を若い選手に見せることが、カープのためになるのかもしれない。

逆に、そうやって残ることで、例えばこれから、堂林のような若手が急成長して、レギュラーを任される力が付いたのに、ポジションがなくて出番が減ってしまうようなことがあってはいけないとも思う。

その時は、僕のようなベテランがスパッと辞めた方が、チームのためにもなる。

そう考えると、辞めるのはその時、その時の状況次第で、やはり自分では、引退時期を決めることはできないのではないだろうか。

ただ、ひとつ言えるのは「カープにとって何が一番いいことか」が最も大事、とい

うことだ。

カープにとってベストな選択は、僕がもうひと踏ん張りした方がいいのか、それとも潔く身を引いた方がいいのか。それが引退を決める基準になると、今は思っている。

年齢を重ねるほど謙虚な心を持つ

堂林の話ではないが、2016年は若手が成長して、リーグ優勝に貢献したシーズンだった。

安部友裕や松山竜平、下水流昂など、控え選手としてだけではなく、スタメンでも力を発揮してくれる選手が増えてきた。

彼らと、外国人選手のルナ、エルドレッドとの兼ね合いで、僕がスタメンを外れるという試合も少なくなかった。

好調が続いていたシーズンだったのに、試合に出られなくて悔しいのではないかとよく聞かれたが、これはシーズン前から、石井琢朗打撃コーチと話し合って決められた起用法だった。僕自身も納得してのことだったので、試合に出られない葛藤のようなものはなかった。

前年の夏場以降に、成績が急降下したこともあり、石井さんからは、

「1年間、ずっと試合に出続けるのは難しいと思うから、こちらも起用法をよく考えるようにする」

と言ってもらった。

夏場の苦しい時期に失速することもなく、100打点達成やMVP獲得など、年間を通じて活躍できたのは石井さんのおかげだし、休養日、という言い方をする人もいたが、相手投手との相性を考慮したうえで、試合に出ないこともあった。そのあたりも含めて、石井さんには、うまくやってもらったと感謝している。

もちろん、試合に出たいという気持ちは、今でも常に持っている。

とはいえ、選手は基本的に使われる側なので、そこは全部お任せするしかない。

石井さんには、スタメンであろうが、なかろうが、いつでも試合に出られる準備はしておくので、気を遣わずに起用の仕方を決めてほしい、と伝えていた。

そういう考え方ができるようになったのは、年齢を重ねたからかもしれない。


ただ、周りを見渡してみると、年齢を重ね、実績を積んでいても、オレが、オレが、となるような選手は少なくない。

むしろこの世界では、そんなタイプの人の方が多いような気もする。

年を重ねると、だんだんと自分に助言をしてくれる人は減ってくる。それに甘んじて裸の王様になってしまっては、ダメだと思うのだ。

僕がなぜ今、そうでないのかは、自分ではよくわからない。単に、性格の問題なのかもしれない。

ただ、ひとつ言えるのは、カープというチームが好きだからではないかと思う。チームのことを考えた時、僕が試合に出ないのがベストなら、それでいいと考えられる自分がいる。

プロ野球選手として、まだまだ若い選手に負けないという自信が半分、残りの半分は、今の僕が、いつまでもバリバリの4番として試合に出ていたらダメだろう、という気持ちだ。

これからのカープのことを考えると、何度も名前を出すようだが、ファーストも守れる堂林が台頭してきて、

「新井さん、もう大丈夫ですから、休んでいてくださいよ」

と、そんなふうになってほしいと、本気で考えられる自分もいるのだ。

それでもし、試合に出られなくなっても本望だ。むしろそうなってくれた方が、カープの将来を考えると、いいことなのかもしれない。

最近は、心の中で常に、若手選手出てこい、堂林来い、と思っている。

カープには、これからもずっと、強いチームであってほしい。その思いが、僕をそういう気持ちにさせるのだと思う。

若い頃の苦労が人生を決める

カープのために、球界のために――。

そんな自分の言葉に、お前はいつも、きれいごとを言い過ぎだ、心にもないことを言っているだろう、などと言う人がいる。

たしかにそうかもしれない。もともと僕は、思ったことをすぐ口に出してしまうタイプではない。

何かを言う時は、周りのことを考えて発言しなければならないと、常に思っている。ただ、それは嘘をついているというのとは違う。誰でも、本意でないことを言わなければいけない時は、きっとあるはずだ。

例えば、僕がプロ野球選手会の会長をやっていた時、東北で震災があって、開幕時期を延期するかどうか、という問題があった。

その時、経営者側と事務折衝をすることになり、代表して僕が話し合いの場に出なければならなかった。

交渉ごとなので、当然、意見が合わないことが多くあった。経営者側の代表の人から、選手の立場でそんなことを言ってはダメだ、と上から物を言われることもあった。話し合いが終わると、メディアへの対応がある。半ば口喧嘩のようなことをした後なので、感情も高ぶっている。

本心では、めちゃめちゃムカついていて、この野郎、とか思っていても、それをそのままぶちまけるわけにはいかない。

「お互いに、いい話し合いができました。有意義な時間だったと思います」

まずはそう答えるのが、一番いいことだと思う。

話し合いの中で、どんなにひどいことを言われていたとしても、それをそのまま口にするのではなく、自分の中で一度、グッと咀嚼しながら考えて、言動をしなければいけないと注意していた。

なぜ、そうしなければならないかと言えば、質問をしている記者の人、僕を写しているカメラの向こうには、ファンを含めて、大勢の人がいるからだ。

自分がこの場でこんな発言をしてしまったら大変なことになる、というのは、少し考えればわかることだ。

カメラの向こうにいる人たちが聞いたらどんな気持ちになるか、そこを考えながら、発言しなければならないと思っていた。

僕がプロ野球選手会長だった時期は、とにかくいろんなことがあった。

年金制度の問題から始まって、東北での震災による開幕問題、それが終わったら、今度はワールド・ベースボール・クラシック（ＷＢＣ）への参加問題もあった。

選手会長も、本当はやりたくなかったが、前任者の宮本慎也さんに何度も頼まれて、引き受けざるを得ないような形でなったものだった。

これも言ってみれば、「やらされた」ことだった。

ただ、結果的にはいろいろな経験をすることで人間的にも成長できたので、今ではやってよかったと思っている。

振り返れば、31歳で阪神に移籍してカープファンから大ブーイングを浴び、北京オリンピックでは腰椎を疲労骨折しながら4番で出場、その年のオフにはプロ野球選手会長に就任した。そこからケガやゴメスとのポジション争いによるスタメン落ちなどを経て、38歳で再びカープに復帰。30代は本当に、いろいろ大変なことが多かった。

30代の10年間にどれだけ苦労したかで、その後の人生が決まる、という話を聞いたことがある。

若い時の苦労は買ってでもしろ、と言われる20代の10年間も含めて、僕はその期間に、本当に辛かったが、いろいろな経験をさせてもらった。

この苦労が、30代最後の年に優勝という最高の形で報われたわけだから、その話も、あながち嘘ではないと思う。

自利よりも、利他

まずは自分の中で咀嚼してから、相手の気持ちを考えてから、というのは、普段の行動にしても同じことが言える。僕は、自分をよく見せようと思って行動することはない。

例えば、ファンの人に頼まれれば、できるだけサインをするようにしている。僕も人間なので、当然、疲れていたり気分が優れないなど、応じたくない時もある。

そういう時でも、できる限りサインはしている方だと思う。

口の悪い人からは、カッコ付けているだとか、好感度を上げようとしているなどと言われることもあるが、そういうことでは、決してない。

自分も子供の頃は、プロ野球選手に憧れるカープファンだったので、頼む側の気持ちがよくわかるのだが、憧れの選手と遭遇する機会ができて、ドキドキしながら、やっとのことでサインをお願いする。その結果、断られたりしたら、本当にがっかりしてしまうはずだ。

ましてや、それが子供だったら、心に深い傷を負ってしまうかもしれない。僕のその行動で、プロ野球選手なんて冷たい人だ、と思われてしまうかもしれない。

そう考えると、そんな人たちを、邪険に扱うことはできない。

裏返せば、サインをもらえた子供は、自分もあんなふうになりたいと思ってくれるかもしれない。

僕にとって、プロ野球選手というのは憧れの存在だったので、逆の立場になった今は、ファンが傷ついたり、失望したりしてしまう姿を見せてはならないと思っている。

自分のマイナスイメージになるから、ではなくて、自分のよくない姿を見て、傷ついたり、失望する人を作りたくない、ということだ。

自分の私利私欲ではなく、相手の気持ちに寄り添ってあげなければいけないという感覚は、昔からある。

仏教用語に、自利と利他、という言葉があるが、自分の利益（自利）よりも他人の利益（利他）という気持ちは、常に持っている。

そういう性格になったのは、子供の頃から親から言われていたことが、影響しているように思う。

自分が言われて嫌なことは、人には言うな。

基本的なことだが、僕はずっとそう教えられてきた。

言葉だけでなく、自分がやられて嫌なことは人にはするな、というのも同じことだろう。

相手の気持ちを考えて、言動に表す。相手の気持ちを大事にしなければならない、ということを常に心に念じていれば、普段からの振る舞いも変わってくるはずだ。

お天道様はちゃんと見ている

もし、僕に自慢できることがあるとすれば、本当に、周りの人に恵まれているということだ。

厳しく育ててくれた両親、僕を一人前の野球選手にしてくれた指導者の人たち、苦しい時も、一緒に戦ってきた仲間たち。

その他にも、数え切れないぐらいたくさんの人たちが助け船を出してくれて、僕をここまで引き上げてくれた。

その点では、本当に運がいいと思う。

幸運を呼び寄せるのも自分次第という考え方があるが、僕がそうかと言われれば、自分ではわからない。

ただ、悪いことしていたらよい運などやって来ない、というのはたしかに感じる。

よく、おばあちゃんなどが、お天道様は見ている、という言い方をするが、その考えは、僕にもある。

誰も見てないから、悪いことをしてもいいだろう、サボっても大丈夫だろうとか、そういう考え方は間違いだと思う。

お天道様は、ちゃんと見ているのだ。

駒大の太田監督の言葉に、「球の心は正直者」というものがあるが、それもお天道様が見ている、に通じるものがある。

日常生活でデタラメをやっている奴が、思いやりや助け合いの精神のない奴が野球などやっても、うまくなるわけはない、という教えだ。

エラーをした時に、ボールがイレギュラーした、と言い訳をする選手がいたならば、そんな不運に見舞われてしまうのも、普段の行いが悪いからなのだ。

見えないところで悪い行いをしていると、ボールにもお天道様にも見透かされてしまうぞ、ということだ。

自利よりも利他、という精神を両親に教わったように、太田監督には、そういう考え方を植え付けてもらったように思う。

運を引き寄せられることができるのは、そういう人なのではないだろうか。

第5章

そして、歓喜の時

～25年ぶりの優勝～

圧巻の優勝パレード

見慣れた景色が、別世界に見えた。

平和大通りを埋め尽くした人、人、人。

黒田さんと2人でオープンカーに乗って、沿道にいる人たちに手を振り続けながら、

「すごいな」

「すごいっすね」

「本当にすごいな」

「本当にすごいっす」

「これ、ちょっと手が疲れるな」

――そんな話をするしかなかった。

25年ぶりのリーグ優勝を記念して行われた優勝パレードは、カープが初優勝した1

975年以来、41年ぶりに行われた一大イベントだった。

パレードを行った平和大通りは、僕が高校時代に、毎日自転車で走っていた道だった。

西広島駅から自転車に乗り、100メートル道路と呼ばれる大通りを、真っ直ぐ突き抜けて、比治山トンネルの前を右折すると、広島工業高校（県工）にたどり着く。ローカルな話で申し訳ないが、とにかくこの通りは、僕が毎日自転車で通っていた、思い出の道だった。

その道を、カープの選手として、今は優勝パレードの車に乗って走っている。あの頃の自分にはとても想像できなかったことで、夢物語とでも言うべきだろうか。車上で手を振りながら、ひとりで勝手に感傷に浸っていた。

沿道で手を振っている人の姿を見ながら、ああ、よかったなと、実感が湧いてきた。自分が優勝して嬉しい、という気持ちも、もちろんあったが、それ以上に、ファンの人たちが涙を流して喜んでくれるのが嬉しかった。

優勝を決めた日も、試合は東京であったにもかかわらず、流川の繁華街や中央通りなど、広島の街中で、みんなが大盛り上がりしていたという話は聞いていた。

パレードも、ものすごい熱狂だったが、中には、遺影を持っているおじいちゃんやおばあちゃんもいた。

写真を持って、ありがとう、ありがとう、と涙を流している。

あんな姿を見ると、こちらもグーッと、胸が締め付けられるような気持ちになった。

そこに写っている人たちが生きている間に優勝できたらよかったなと、そんなことも考えた。

初優勝の時のパレードは、僕はまだ生まれていなかったが、報道などではなんとなく見たことはあった。

あの時もすごかったのだろうと思うが、今回、実際にやってみると、想像をはるかに超えていた。

25年ぶりの優勝の雰囲気は感じていたが、あそこまでたくさんの人に集まってもらえるとは思っていなかった。

後で聞いたところだと、31万人もの人が集まってくれたということだった。一度にあんなにたくさんの人間を見たのは、間違いなく、生まれて初めてのことだ。

僕に向かって、おめでとう、ありがとうと言ってくれる人たちを見ながら、

「ああー、出て行って、ごめんね」

という気持ちも湧き起こっていた。

一度は広島を離れた自分を、これだけお祝いしてくれて、一緒に喜んでくれる。

こういう人たちの気持ちを、一度は踏みにじってしまったのだと思うと、本当に申し訳ない気持ちになった。

カープに復帰してからも、いろいろなシチュエーションで、同じ気持ちになることがあった。

自分としては、ＦＡで移籍をしたことに関しては、後悔はしていない。

タイガース時代にも、多くのファンの人に応援してもらったし、新しい仲間もできた。

カープにそのまま残っていたら絶対にわからなかったことも、たくさん経験できた

し、外から改めてカープを見ることで、本当にいい球団だということもわかった。

後悔はしていないが、それでもやはり、自分にとってはこんなにかけがえのない人たちの気持ちを、一度は踏みにじってしまったということに関しては、やはり、心が痛い部分もある。

個々が自分の役割を果たせたのが強み

シーズンを振り返ってみると、2016年のチームは、田中広輔、菊池涼介、丸佳浩の同級生トリオを中心に、打線が活発に機能した年だった。

一番大きかったのが、打撃コーチに石井琢朗さんが就任したことだろう。琢朗さんが行った意識改革が、打線に浸透し、各選手が力を発揮できたことが大きい。

僕は参加していないが、琢朗さんが打撃コーチになった直後の前年秋のキャンプでは、相当バットを振ったらしい。

厳しい練習にプラスして、ミーティングも徹底的にやったそうだ。

内容的には、どうすればノーヒットでも点が取れるか、ということから始まって、ヒットを打たなくても、ケースによっては進塁打を狙うなど、場面ごとの打席での心構えなどを、相当時間をかけて話し合ったということだ。

これによって選手一人ひとりの意識が変わったことで、各自が自分の役割を明確にわかるようになり、打席での内容が大きく変わった。


例えば、1番に固定された広輔だったら、簡単に三振をしないこと。数字で言えば、打率よりも出塁率を重視していた。

だからツーストライクに追い込まれても、簡単に三振することがなく、ファウルを打ったりしてフルカウントまで粘って、フォアボールを取るケースが大幅に増えた。

前年に比べて、打率（15年2割7分4厘→16年2割6分5厘）の割に出塁率が高いこと（15年3割2分5厘→16年3割6分7厘）や、四球の数が増えたこと（15年34個

→16年77個）など、数字を見ても、明らかに違いがわかる。
2番を打ったキクも、前年までは初球を簡単に打ち上げてしまったり、どちらかと言えば淡泊に見られがちだった打撃内容だったが、つなごうとする姿勢が見えるようになってきた。

以前は、広輔が一塁にいてもフライアウトになってしまう場面が多く見られたが、16年は、広輔が盗塁するまでウエイティングの姿勢を見せたりしていた。

広輔と同様に簡単に三振しなくなったし、アウトになるとしても、ランナーを進めるために無理にでも逆方向に打つなど、明らかに意識の変化が見られた。

丸も、打撃の内容が大きく変わっていた。

選球眼がいいのはもともとだが、ここ一番の場面での長打も目立ったし、追い込まれたら逆方向を狙うなど、打撃内容も変わった。

内角の厳しい球でも、なんとか当ててファウルにして粘るなど、琢朗さんの意識付けを感じさせる打撃だった。

キクと丸の2人は、前年に不本意な成績で終わった雪辱を晴らす見事な活躍で、文字通りチームを引っ張る存在として成長してくれた。

この3人が1、2、3番に固定されることで、得点力が飛躍的にアップした。

彼らが塁上を埋めて、僕やルナ、エルドレッドの両外国人や、大ブレイクを果たした鈴木誠也が還すという形ができた。

僕が休んだ時には、松山や下水流が活躍したり、両外国人が故障で離脱した時は、安部や天谷宗一郎なども頑張った。

打者のみんなに琢朗さんの考えが浸透し、一人ひとりが自分の役割を果たしたことで、文字通りに打「線」になり、リーグ最強と言われた打線が完成したのだ。

チームメイトが花を添えてくれた通算2000安打達成

4月26日には、名球会入りの資格となる通算2000安打を達成した。

カープでは、山本浩二さん、衣笠祥雄さん、野村謙二郎さん、前田智徳さんの4人しか達成していない記録で、その中に自分が入るというのは、申し訳ないと言うか、考えられないようなことだが、名前が残るという意味では、やはり嬉しい。

ただ、2000という数字に関しては、ほとんど意識していなかったというのが、本当のところだ。

記録達成まで、あと29本というところから、16年のシーズンはスタートした。開幕から好調だったこともあり、順調にその数字を減らしていったが、自分ではあまり意識がなかった。

達成までは、マスコミの人に、あと何本、と言われ続けていたので、一応認識はあったのだが、自分でも不思議なくらい、気持ちの高まりも緊張もなかった。

あれよあれよと言う間に1999本まで打って、記録を達成したのは、神宮球場でのヤクルト戦だった。

それまでは、本当に何の意識もなく打席に入れていたのだが、さすがにあと1本、となった試合での、最初の打席はちょっと緊張した。

ただ、それもあと1本で名球会、などという緊張ではなく、周囲の雰囲気に圧倒されてしまった感じだった。

その日はウイークデーの試合だったのに、試合前からスタンドにはすごい数の人がいた。しかもビジターのゲームであるにもかかわらず、球場の半分以上がカープファンの赤で染まっていた。

メディア関係も、普段は神宮まで足を運ばない広島のテレビ局の顔なじみも多く来ており、盛り上がっていたようだった。

スタンドを見て、平日にこれだけの人が来てくれているのに、今日打てなかったら、ちょっとヤバいなと思い始めていた。

それでも、試合前の練習中はまだ平常心で、普通の試合と同じような気持ちでいられた。

しかし、試合が始まると、様相は一変した。

初回の第1打席で、ネクストバッターズサークルから打席に入る時、地鳴りのような歓声が起こった。

球場の異様な雰囲気を感じた僕の中に、

「これだけ盛り上がってくれて、本当に、今日打てなかったらどうしよう」

という気持ちが生まれてきた。そう考えると、めちゃくちゃ緊張してきた。

冷静さを失った打席は、案の定などと言ってはいけないのだが、簡単に打ち上げてしまい、平凡なショートフライに終わってしまった。


それでも、3回の第2打席には、相手投手の成瀬善久からレフトに二塁打を放ち、なんとか記録達成となった。

二塁ベース上では、記録達成の喜びよりも、今日打ててよかったと、安心した気持ちの方が強かった。

1打席目の緊張状態から、2打席目は比較的、楽な気持ちで打席に入れたのは、チームメイトのおかげだった。

2回にエルドレッド、誠也、堂林が3者連続本塁打を打ち、チームに勢いをつけてくれたからだ。

僕の記録達成を勝ち試合にしようというみんなの気持ちが伝わってきて、すごく嬉しかった。

記念の二塁打を打った後、ベンチを見ると、後輩たちもみんなグラウンドに出てきて、盛り上がってくれていた。

スタンドのファンの人たちも、割れんばかりの歓声を上げてくれていて、それもまた嬉しかった。

記録達成そのものよりも、みんなが喜んでくれている姿を見られたのが、何よりだった。

達成前には、経験者である宮本慎也さんや稲葉篤紀さんから、達成した瞬間、ふっと気が抜けてしまうから、気をつけた方がいいと言われていた。

稲葉さんも、それまではものすごいペースでヒットを打っていたのに、２０００本を達成した直後は当たりが止まり、打率が下がってしまったのだそうだ。

ただ、僕はその話を聞いても、いまひとつピンと来なかった。

おそらく、2000という数字を意識していなかったし、目標にもしていなかったからだと思う。

事実、その日の第4打席にもヒットが出て、その後も調子が落ちることはなかった。

目の前のことを全力で、1本、1本の積み重ねという自分のスタイルを、改めて感じた記録達成だった。

優勝を決定づけた菊池涼介の一発

6月の交流戦を、鈴木誠也の活躍などで大きく勝ち越し、7月には黒田さんの日米通算200勝達成もあった。

交流戦明けに首位争いから一歩抜け出したチームは勢いに乗り、独走態勢を築いていった。

2位とのゲーム差もどんどん開いていき、端から見ると楽なペナントレースだったように感じるかもしれない。

だが、当の選手たちは、ほとんどゲーム差などは意識していなかった。逆に差が開けば開くほど、ここから逆転されてしまったら、という怖さがあった。

優勝が現実的に近づくにつれて、カープの過去の苦い思い出が取り沙汰されるようになった。

当時を経験している選手は、今はもう残っていないが、緒方監督などは、1996年に巨人に11・5ゲーム差を逆転された、いわゆる「メークドラマ」を経験している。各メディアでも、当時を振り返って不安を煽るような記事が多く見られた。

そんなペナントレースの展開の中、優勝を決定づけるポイントとなったのが、8月7日の巨人戦ではないかと思う。

それまで勝率5割前後で2位争いをしていた巨人が、5連勝でマツダスタジアムに乗り込んできて、カープは初戦と第2戦を落としてしまった。

これにより、7月まではカープの連敗は3が最低だったのだが、シーズンで初めての4連敗を記録してしまった。

それでも、まだ4・5ゲーム差あったのだが、「リメークドラマ」などと、マスコミを筆頭に、周囲がザワつき始めていた。

点の取り合いとなった第3戦も、9回まで1点のリードを許す、苦しい展開だった。最終回も、巨人の守護神・澤村拓一の前に、代打の西川龍馬、田中広輔が倒れ、ツーアウト、ランナーなしと敗色濃厚の状況になった。

マツダスタジアムのスタンドも、声を失いかけていたその瞬間、菊池が初球を振り抜くと、打球はレフトスタンドに飛び込んだ。

この起死回生の一発から、丸がフォアボールを選び、次打者の僕の左中間への打球が、レフトの松本哲也の横を抜けて、サヨナラ勝ちとなった。

サヨナラが決まった瞬間、僕は派手なガッツポーズをしていた。

後で映像を見ると、あんなにダサいポーズ、なんでやってしまったのだろうと後悔したが、とにかくあの時は無心だったのだ。

本当に、この試合は大事だと思っていたので、喜びが前面に出てしまった。後からああー、しまったな、と本当に恥ずかしくなったものだ。

それはともかく、サヨナラ打を打ったのは僕だったが、あの試合はキクのホームランに尽きるだろう。

追い詰められたあの場面で、ホームランなんて、なかなか打てるものではない。ましてや、負ければ首位攻防戦で3連敗となる場面での一発だ。あれは、みんながビックリしてしまうことをやってのける、キクの真骨頂と言える一打だったと思う。

3・5ゲーム差と5・5ゲーム差では大違いだし、8連勝となっていれば、追い上げる巨人の勢いもさらに増したはずだ。

カープも5連敗ということになれば、冗談ではなく、メークドラマの再現になってても、おかしくない展開だったと思う。

マジック点灯
生きた阪神での経験

菊池の一発で勢いを取り戻したチームは再加速した。8月24日には東京ドームでの巨人戦に勝利し、優勝へのマジック20が点灯した。

優勝マジックなど、ほとんどのメンバーが初の経験で、よく理解していない選手も多かったせいもあるが、数字に踊らされることもなく、その後もチームは勝ち続けた。巨人が一気に失速してしまったこともあり、驚くほど速いスピードで、日に日に、マジックは減っていった。

しかし僕は、マジックが出てからも、一戦、一戦という気持ちを変えることはなかった。

チームメイトにも、

「とにかく一戦、一戦、星勘定をしてはダメだ。目の前の試合に全力を尽くして、その積み重ねでいこう」

という話をした。

阪神時代には一度も優勝を経験できなかったが、終盤まで首位を走っていて、逆転されたシーズンは何度かあった。

その時は、僕もゲーム差などを気にして、星勘定ばかりしていた。

2位との直接対決が、あと何試合あって、残り試合はこれだけあるから、ここは最悪、負けてもいいかなとか、この3連戦は2勝1敗でいきたいとか、そんなことばかりを考えていた。

そうなると、頭の中が変な計算でいっぱいになってしまい、肝心の試合に集中できなくなる。

さらに、2位チームも含めた、その日、その日の勝敗に、一喜一憂するようになってしまうのだ。

勝ってよかった、負けてヤバいぞと、そこからまた計算が始まり、残り試合が少なくなると周囲の雑音も増えてくるし、選手も冷静さを失っていく。

その結果、最後は大逆転を食らって、優勝を逃してしまっていた。

だから、勝っても負けても、1試合、1試合、とにかく集中する。それをずっと心がけていた。

阪神での苦い経験を、25年間、優勝から遠ざかっていたチームで、見事に生かすことができたというわけだ。

打点王よりもチームの優勝

シーズンの終盤には打点王の可能性もあったが、個人のタイトルには、ほとんど興味がなかった。

とにかくチームの優勝、それだけを考えて、戦い続けていた。

2016年もオールスターに出場することができたが、自称「お祭り男」の僕が、全く打てなかった。

夢の舞台も、この時ばかりはオールスター明けのペナントレースのことで頭がいっぱいで、それどころではなかった、というのが正直なところだ。

オールスターの間も、走っておこう、ダッシュもしなければいけない、あれもやらなければ、これもやらなければと、頭の中は、再開するシーズンに向けてのことしかなかった。

優勝が決まった後にはスタメンを外れることが多くなったが、これも自分から申し出たものだった。

オーダーを決める琢朗さんは、気を遣って、

「新井、どうする。試合いくか、体は大丈夫か。打点王もあるし、いくか」

と言ってくれたが、

「大丈夫ですよ。今まで通り、休めと言われれば休みますし、出ろと言われれば、その準備はしています。打点王は興味がないので、チームの事情に任せます」

と答えた。

優勝したことで、すごく満足していたし、その後のクライマックスシリーズや日本シリーズの方が大事だと思っていたので、本心からそういうことが言えた。

次回のビールかけでは必ずリベンジを

9月10日、優勝決定試合のウイニングボールは、なくすといけないので、捕った瞬間にすぐにポケットに入れた。

胴上げでは、人が多過ぎて緒方監督の体に触れることはできなかったが、ウイニングボールは、ちゃんと監督に渡すことができた。

優勝が決まって宿泊先のホテルに戻ると、楽しみにしていたビールかけだ。

この場では、文字通り無礼講なので、監督だろうが誰だろうが、ビールをかけ合って、思い切り楽しもうと思っていた。

しかし、そんな僕の目論見は見事に外れてしまった。

選手会長の小窪の挨拶が終わり、さあ、始まるぞと思ったら、僕の手を引っ張る人がいる。

ビールかけの最中に、コメントを取ろうとしているテレビ局の人だ。カメラがスタンバイしている場所まで連れて行かれて、

「おめでとうございます。今の気持ちはいかがですか」

と聞かれ、後ろから誰かに、ビールをかけられながら、

「最高です」

と答える。そんなやり取りを終えて、さあ、次は自分が他の人たちにかける番だ、と思ったら、また手を引っ張られる。

別の局の人に呼ばれて、また同じことを繰り返すのだ。

テレビ局の数というのは意外に多いもので、インタビューを終えて、また次の局に

呼ばれて、というのを繰り返しているうちに、ビールかけは終わってしまった。

結局、自分がビールをかけられたのが9割ぐらいで、こちらからかけることができたのは、少しだけだった。

優勝する前からずっと楽しみにしていたビールかけが、かけられっぱなしで終わってしまったのには、少し悔いが残った。

終わった後には、次に日本シリーズで勝った時は、インタビューは最小限にして、もっと自分が自由に動けるようにしておいてくれよと、広報に頼んだぐらいだ。

それでも、初めてやったビールかけは、時間は短かったが、雰囲気も最高だったし、楽しかった。

周りの選手たちも楽しそうにしていたし、特に裏方さんたちが、喜んでやっているのが嬉しかった。

ビールが目に入ると相当痛いという話は聞いていたので、水中メガネをしていたが、メガネをしていると、泡で前が見えない。

なのでメガネを取って話をしていると、頭の上からビールをかけられて、目に入る。

聞いていた通り、やっぱりすごく痛かった。

そういうことも、やってみて初めてわかるので、現役時代にビールかけを経験できて、本当によかったと思う。

心残りは、もっといろんな奴らにビールをかけたかった、ということだが、以前は選手としてチームにいた河内貴哉などの広報スタッフも、優勝は初めての経験だったので、上手に段取りができなかったのも仕方がないという気がする。

自分がインタビューされていた時、後ろからだったので誰だかはよくわからなかったが、おそらくキクや丸などが、日頃の恨みとばかりに、僕にビールをかけまくっていたのではないかと思う。

それだけに、日本シリーズで勝てず、2回目が行われなかったことが残念だが、このリベンジは、これから果たしたいと思っている。

やっぱり、カープがナンバーワン

２０１６年は、自分のこれまでの人生の中でも、最高の年になった。子供の頃からファンだったカープで、しかも一度、チームを離れて、もう二度と着ることはできないと思っていたカープのユニフォームを着て、優勝することができた。思えば、この2年間は、まさか、まさかの連続だった気がするが、最高で最大のまさか、が起こった年だった。

広島に帰ってきて、カープに戻って、本当によかった。やっぱりここが自分のホームだ、というのを、この2年間で改めて実感している。

ＦＡで阪神に移籍した時、最初の市民球場の試合では、凄まじいブーイングを受けた。あの時は悲しかったし、ショックも受けたが、ブーイングをする人たちの気持ちもわかった。

昔のように、一カープファンとして考えたら、当時の新井貴浩のような選手に対しては、僕でも球場に行って、ボロカスに言っていたはずだからだ。

だから罵声を受けながらも、

「その気持ちはわかります。申し訳ない、ゴメンなさい」

と思いながら、打席に入っていた。

その後はブーイングもなくなったが、正直に言えば、カープと試合をするのは嫌だった。

表向きには、もう敵なので関係ない、と言うしかなかったが、内心ではすごくやりづらかった。

移籍した後も、地方球場でカープと試合がある時は、なるべく人がいないようなお店を予約して、カープの裏方さんや選手と食事に行っていたものだ。

甲子園で試合がある時、カープは新神戸駅の近くのホテルに宿泊する。神戸に家がある僕は、ホテルまで車で迎えに行って、選手や裏方のみんなと、食事をしたこともあった。

ユニフォームは替わっても、彼らと食事をする時はリラックスできたし、楽しい時間だった。カープと試合をする時は、そういう楽しみもあった。

阪神もいいチームだったが、やはり外様というか、どこか、自分の家ではない、という感覚を常に抱えていたのは事実だ。

生え抜きの選手を差し置いて、自分が目立ってはいけないというか、気を遣う部分が、少なからずあった。

FAで移籍してきた自分が、そんなことをやるべきではないのではないか、生え抜きの選手のやることだろうと、そう感じていた。

球団の仕組みの違い、ということなのだろうが、阪神では、純粋に戦う対象が多かったように思う。

タイガースでは、まずメディアとの戦いがあり、時にはファンや球団とも戦わなければいけない。

カープのように、グラウンド内で、対戦相手と戦っていればいい、という環境とは全く違っていた。

カープに戻ってきた今は、そういう気持ちは全く感じない。選手は結構入れ替わっていたが、誰にも遠慮せずに物が言えるし、若手などに対しても、食事にも気軽に誘うことができる。

金本さんが監督になってからは、悔しがらせるぐらいに打ちたいと思っていたが、２０１６年は、かなりそれができたと思う。

カープに戻ってきて、自分の居場所は、やはりここなのだと、改めて実感している。

ずっと悲願だった優勝を達成したことで、燃え尽きてしまったのではないか、これからモチベーションの維持が大変なのではないかと、心配されることがある。

黒田さんが引退し、長年、共に戦ってきた同志がいなくなることも、今後に影響するのでは、という声も聞く。

たしかに、リーグ優勝が決まった時は心の底から満足したし、ひとつの大きなゴールテープを切ったかのような気分にもなった。そのせいで、日本シリーズでの気持ちの持って行き方は、少し難しかったかもしれない。

とはいえ、結果的には日本シリーズで勝てなかったことで、日本一、という具体的な目標も残った。

プロの世界で20年近くプレーしてきて、まだやるべきことがあるのは、ある意味、幸せなことと言えるかもしれない。

ただ、そういった具体的な目標以外にも、僕には、まだ頑張れるだけの理由がある。

それは何かと言えば、ファンの存在だ。

優勝して、ファンの人たちが喜んでいる姿を見て、僕は本当に嬉しかった。

パレードで、あれだけ大勢の人たちが喜んでいる姿を見て、もう一回、優勝して、この人たちをもっと喜ばせてあげたい、と思った。

ファンの人たちには、一生忘れられないほどの感動をもらった。

カープに復帰して、マツダスタジアムでの最初の試合で代打で登場した時の、あの大歓声を僕は一生、忘れない。

FAの時に、凄まじいブーイングと罵声を浴びた自分が、あれだけの大歓声で迎えてもらった。

「僕はこの人たちを絶対に喜ばせるぞ。悔し涙ではなく、嬉し涙を流させてあげたい」

それだけを考えて、この2年間は野球をやってきた。

この気持ちは、カープのユニフォームを着続けている限り、ずっと変わらないものだと思う。

だから、応援してくれるファンがいる限り、モチベーションが下がってしまうことは、これからもない、と断言できる。

また優勝して、日本一になって、僕に関わる全ての人たちに喜んでもらうために、これからも、みんなで一緒に戦っていきたい。

新書版のためのあとがき～監督就任にあたって

現役を引退してから4年が経過した。僕は2023年から広島東洋カープの監督を務めることになった。監督就任の打診をいただいた時には本当に驚いたし、大変なことになったと思った。

本書は僕が現役時代の2017年3月に出版させていただいた。まさか6年後、自分が監督になっているなんて、もちろん想像なんてできなかった。出版当時は、25年ぶりの優勝までの思いをまとめさせていただいた。2017年以降を振り返ってみると、本当にいろいろなことがあった。

2017年にリーグ連覇を果たし、2018年には球団史上初のリーグ3連覇を達成することができた。そして僕自身はというと、2018年シーズン限りで20年間のプロ野球選手生活にピリオドを打った。何より、現役最後の最後まで日本シリーズという最高の舞台で、真剣勝負の場で、最後の打席を迎えさせてもらえたということ。本当に感謝の気持ちしかないし、幸せな気持ちで現役を引退させていただくことができた。

改めて現役生活を振り返ってみても、基本的に野球を楽しんでプレーしたことがほとんどないし、圧倒的に苦しかったことのほうが多かった。だが、今でも苦しんできてよかったと思える。それが正直な気持ちだ。「よう頑張ったのう！　あのヘタクソだったお前が」と、現役時代の自分自身にそんな言葉をかけてやりたい。そんな20年間だった。

現役引退後は家族との時間が増えた。現役の頃は家にいない時間が多く、家族と過ごす時間が限られていた。引退後はさまざまな仕事をさせていただきながらも、家族と子どもたちとの生活を中心に過ごすことができたという充実感があった。この4年間、家族に対しては現役時代にできなかった分、一緒に過ごす時間を凝縮した時期にできた。

仕事の面では、プロ野球解説者としてさまざまな角度から野球を見させていただくことができた。さらに、解説者以外の仕事もたくさん経験させてもらった。とても楽しく、いろんな経験を積むことができた4年間となった。

僕は小学生の頃から野球を始めて、中学、高校、大学、そしてプロ。野球しかやってこなかった人生だ。現役を引退し、さまざまな世界で仕事をさせていただいたことで、自分自身の見識を広げることができたことにも、感謝しかない。

解説者としての活動を行う上では、自分で決めたことがあった。現場の選手をリスペクトすること。それと、正直にわかりやすく、自分の言葉で伝えるということを大切にしていた。それさえ自分で守っていれば、思ったよりも苦労することはなかった。

だけど、カープを見ていると、どこかでカープファン目線の自分がいた。やはり僕はカープが好きなんだなと、改めて実感する期間でもあった。

グラウンドの外から野球を見てきた中で、野球に対する考え方は変わってはいない。ただ、客観的に見ていると、改めて「プロ野球選手ってすごいな」「よく自分があの場所でプレーしていたな」と感じさせられた。

僕が解説者として活動する期間、世界中はコロナ禍という大変な事態になった。プロ野球のみならず、さまざまなスポーツが無観客試合となった時期もあったし、ファンの皆様が球場に足を運べるようになってからも、行動制限が余儀なくされた。現役時代、選手会会長を務めていた時期に無観客試合を体験したことがある。その時感じたのが「プロ野球はファンの皆様の応援があって成り立っている」ということだ。

多くのファンの皆様に応援していただくことが、どれだけ力になるか。現役選手は困難な状況の中で、その大切なことを感じることができたのではないかと思う。本当に大変だったと思うが、現役選手みんなが改めて〝プロ野球の存在意義〟を考えさせられたのではないだろうか。

カープに目を向けると、リーグ3連覇を達成した翌年から4年連続Bクラスという結果となった。コロナ禍の中で監督を務められた佐々岡真司さんは、この状況の中で本当に大変だったと思う。3連覇時からチームも過渡期を迎え、そこにコロナ禍という予期せぬ事態。そんな困難な状況の中でも、カープは将来性豊かな若手選手が育ってきている。佐々岡さんの残した功績は、必ずカープの力になると信じている。

現役引退から4年目の2022年秋、僕はカープ球団から監督の打診をいただいた。そもそも僕には〝断るという選択肢〟などなかった。このお話をいただいた時点で、僕の中では「わかりました」という返答だけだった。

監督就任にあたって、大きな決断の理由はただ一つ。僕自身、カープ球団に対して大きな恩があるということだ。

自分は一度カープを離れているにもかかわらず、「また戻ってこい」と声をかけていただいた。正直、そんな選手はなかなかいないと思う。そして復帰してからは、リーグ3連覇という素晴らしい経験もさせていただいた。そんな球団から「頼む」と言われて、断る理由なんてない。正直、監督就任を受諾させていただいた後に「大変なことになったな……」というのが本音だ。

監督としての背番号は、現役時代から慣れ親しんでいる「背番号25」を背負うことになった。これは実は黒田博樹さんの一言がきっかけだ。

球団と背番号の話になった際、

「25番をつけるか？」

と打診された。だけど僕は、

「今度は選手をマネージメントする立場なので、25番でなくてもいいです。大きな番号でいいですよ」

と言って、一度はお断りしていた。しかし、その後に黒田博樹さんと食事の機会があった際にそのことを伝えると、

「なんで断るんだ？　25番をつければいい。メジャーなんて、ひと桁をつけている監督だっているぞ。ファンの人はお前が25番をつけているのを見たいはずだぞ」

と、黒田さんは迷っている僕にそう言ってくれた。そして僕は再び25番を背負って戦うことに決めた。


そして僕は、黒田さんに「球団アドバイザーに就任してほしい」とお願いをした。黒田さんとは、現役時代からカープを強くするために、本当にいろんな話をさせていただいた。それだけに、野球観も同じ黒田さんにはどうしてもお願いしたかった。

監督就任が決まった時、僕はすぐに黒田さんにも連絡を入れていた。その際、「何らかの形で、何でもいいので、力を貸してくれませんか？」と相談をさせていただいていた。黒田さんは責任感が強い人だ。受諾してもらうまでに少し時間はあったが、最終的には球団アドバイザーという形で助けていただくことになった。黒田さんには、

「一軍だけではなく、二軍、三軍も含めて、チーム全体を見ていただきたいです」とお願いをした。また、黒田さんのスタンスで、黒田さんの距離感でというふうには伝えている。黒田さんの培ってきた経験、技術、野球に対する取り組み方、姿勢。全てにおいてカープ選手たちにとってプラスしかないと思う。僕自身、本当に心強いし、楽しみだ。

監督に就任してから、いろいろな場所で「理想の監督像」について質問されることがある。

正直、自分の中に理想はまだないし、わからない。僕自身〝こうなりたい〟ということではなく、とにかく僕は、「カッコつけずに、肩肘張らずに、自分らしく、自分が思ったまま、感じたままやっていこう」と思っている。そういった中で周りの方が、〝新井はこういう監督だ〟と評価してくれれば良いと思っている。

現役時代から僕はチームを「家族」という言葉で表現してきた。その思いは、監督になっても変わらない。僕らは、カープという大きな家にいる。そして、選手、コーチ、裏方さんを含めて、カープのみんなが家族同然だと思っている。家族だから、楽しいこと、うれしいこと、苦しいこと、悲しいことも、家族みんなで共有したい。監督に就任し、素直な自分の気持ちを伝えた。

ドラフト会議ではとても良い選手を指名することができ、新たな家族が増えた。そして秋季キャンプではこれから楽しみな選手、まだまだ成長できる選手だらけだなと思った。楽しみが増えたし、みんな明るく、練習に対する取り組み方も一生懸命だ。

選手みんながより可愛く思えている。

監督として第二の野球人生が始まった。僕はこれまで、さまざまな逆境に立ち向かってきた。そしてこれからもいろいろな壁が立ちはだかるだろう。だが、これまでと同じく、とにかくガムシャラに、〝家族〟と一緒に、カープファンの皆様を全力で喜ばせていきたい。

2023年2月　広島東洋カープ　新井貴浩

歩み

1977年（昭和52年）
広島市で生まれる。
天満小学校3年の時にソフトボールを始める。

1992年（平成4年）
広島県立工業高校に入学。3年間で甲子園出場はなし。

1995年（平成7年）
駒澤大学に進学。大学4年時の秋のリーグ戦で打点王とベストナインに選ばれる。同年の日米大学野球に代表として選出され、打率5割を記録。

1998年（平成10年）
ドラフト6位で広島カープに指名される。当時はドラフト候補にピックアップする球団は皆無に等しかったが、駒大OBで広島のコーチなどをしていた大下剛史、大学時代に自宅を訪れた野村謙二郎の推薦などもあり、指名に至る。

1999年（平成11年）
ルーキーイヤーから開幕一軍入り。5月12日、広島での巨人戦で、ホセ・パーラからプロ初安打を記録。6月6日、浜松での中日戦では、野口茂樹からプロ初本塁打を放った。この年は53試合に出場して7本塁打。21安打中、3分の1が本塁打と、スラッガーの片鱗を見せた。

2002年（平成14年）
自身初の140試合フル出場、規定打席到達で自己最多の28本塁打。オールスターにも初出場し、第2戦で初本塁打も記録。直前に亡くなった松田耕平オーナーへ追悼の一発となった。

2003年（平成15年）
前年オフに阪神にFA移籍した金本知憲に代わる4番に抜擢されるも、開幕から不振が続き、73試合目で6番に降格となる。この年は打率、本塁打、打点の3部門で初めて前年の成績を下回った。

2004年（平成16年）

打撃不振を抜けられず、１０３試合の出場にとどまる。オフに金本に電話で相談し、バッティングのアドバイスを受ける。12月に、テレビ局の企画で初めて護摩行を行う。

12月に結婚。

2005年（平成17年）

開幕スタメンは外れたが、ラロッカの故障で開幕3戦目にスタメン出場し、２本塁打を放って定位置を奪還。この試合で通算１００号本塁打も達成した。

6月28日、米子での阪神戦で井川慶から本塁打を放ち、球団タイ記録の6試合連続本塁打を記録。

この年、43本塁打で初の本塁打王を獲得し、打率も初めて3割を記録した。

黒田博樹もこの年、自身初となる最多勝を獲得。最多勝が確定した神宮のヤクルト戦で、新井は決勝打を放った。同一チームから最多勝と本塁打王が出たが、チームは最下位に沈み、山本浩二監督が辞任。

2006年（平成18年）

第1回ワールド・ベースボール・クラシック（ＷＢＣ）の日本代表に選出されたが、２試合のみの出場に終わる。

この年からマーティー・ブラウンが監督に就任。後に、投手キャプテンの黒田とともに野手キャプテンに指名される。シーズンでは自身初の１００打点を記録。

黒田がＦＡ権を獲得し、移籍が有力視されたが、市民球場の最終戦でのファンの残留志願の応援で、残留を決める。

2007年（平成19年）

28本塁打、１０２打点を記録するも、チームは5位で終了。シーズン終了後、翌年行われる北京オリンピック日本代表に選出され、アジア予選で4番を任されて本大会出場に貢献。

オフに涙のＦＡ宣言でまさかの阪神移籍。「優勝を経験したい」というのが表向きの理由だ

	ったが、実は金本ともう一度、同じチームでプレーしたかったというのが本当の理由だった。同時期に黒田もＦＡ権を行使し、ロサンゼルス・ドジャースへの移籍が決まった。
２００７年（平成19年）	４月１日、移籍後初の広島市民球場の試合で、第１打席から観客席の大ブーイングを浴びる。投手は高橋建、結果はフォアボールだった。この日の試合では、５打席全てでブーイングを浴びたが、結果は３打数２安打２四球だった。４月12日、横浜スタジアムの横浜戦で、寺原隼人から通算１０００安打を記録。同日に金本が通算２０００安打を達成した。
２００８年（平成20年）	８月の北京オリンピックに出場し、腰痛に苦しみながら４番の重責を担ったが、チームは４位に終わり、野球が正式種目となった最後の夏季五輪でメダルを逃す。帰国後に腰椎の疲労骨折が発覚。 大会前まで、打率３割以上と好調だった新井の故障離脱もあり、前半戦は独走状態だった阪神は急失速し、最終的にリーグ優勝を逃す。 自身初のゴールデングラブ賞を一塁手部門で獲得した。 オフに宮本慎也から、日本プロ野球選手会会長の座を引き継ぐ。
２００９年（平成21年）	第２回ＷＢＣ候補となるが、腰の状態を理由に辞退。
２０１０年（平成22年）	４月18日、連続試合フルイニング出場を続けていた金本がスタメン落ちし、初めて阪神で４番を務める。このシーズンは２年連続でフルイニング出場を果たし、打率、打点で自己最高を記録。 オフに弟の良太が中日から移籍し、同じチームでプレーすることに。
２０１１年（平成23年）	３月に起きた東日本大震災によるプロ野球の開幕延期問題で、選手会会長として尽力。シーズンでは93打点を記録し、初の打点王を獲得。

2012年（平成24年）	7月に良太と、プロ野球史上31年ぶり、3組目の兄弟同一試合本塁打を記録したが、右肩後方関節唇損傷、腱板不全断裂、肩峰下滑液包炎など故障に悩まされ、シーズン通算9本塁打と、阪神移籍後、最低の成績に終わる。 9月には、選手会長として、「侍ジャパン」の第3回WBCへの参加を発表。オフに会長職を嶋基宏に引き継ぐ。
2013年（平成25年）	6月8日、交流戦の千葉ロッテ戦で成瀬善久から本塁打を放ち、通算1000打点を記録。 7月のオールスター第2戦で、決勝打を含む3安打1打点の活躍でMVPに輝く。
2014年（平成26年）	マウロ・ゴメスの加入により、開幕からスタメンの座を奪われ、代打要員としてのシーズンに。5月10日の巨人戦で、良太と史上初の「同一チーム、同一試合での兄弟での代打安打」を記録。同月21日のオリックス戦では、阪神移籍後、自身初の代打本塁打を放つも、最終的には移籍後、ワーストタイとなる94試合の出場に終わる。同年、リーグ2位で終わった阪神はクライマックスシリーズ（CS）を勝ち抜き、移籍後、初めて日本シリーズに進出したが、腰痛の影響もあり、出場はなかった。 オフに大幅減俸通告を受け、自由契約を選択。それでも年俸7000万円の提示があったと言われているが、カープからの誘いを受け、悩んだ末に年俸2000万円で復帰が決定。同時期に黒田もヤンキースからカープへの復帰が決まった。背番号は「28」。
2015年（平成27年）	開幕戦の7回に前田健太の代打として、カープ復帰後、初出場。スタンドの大歓声に感動を受ける。結果はライトフライ。5月9日、甲子園での阪神戦で、能見篤史から復帰後初本塁打。この打席で左手中指を脱臼したが、その後もプレーは続けた。 ファン投票でオールスターに選出され、マツダスタジアムでの第2戦で敢闘賞を獲得。

２０１５年（平成27年）

9月2日、甲子園での阪神戦で、自身2度目となるホームスチールに成功。

シーズン前の順位予想では優勝候補だったチームは4位に終わり、CS進出も逃す。

オフに背番号「25」に変更。

２０１６年（平成28年）

4月26日、神宮球場での東京ヤクルト戦で、成瀬善久から通算２０００安打を達成。この試合では、エルドレッド、鈴木誠也、堂林翔太が3者連続本塁打で花を添え、鈴木誠也は２本塁打を放った。

8月2日、神宮球場での東京ヤクルト戦で、石川雅規から通算３００号本塁打を記録。

9月10日、東京ドームでの巨人戦で、25年ぶりのセ・リーグ優勝が決定。プロ18年目での悲願の優勝決定となる瞬間は、自身がウイニングボールを掴む。その後、黒田と抱き合い、号泣した。

日本シリーズは2勝4敗で北海道日本ハムに敗れる。

11月28日、ＮＰＢ ＡＷＡＲＤＳ ２０１６で、セントラル・リーグの最優秀選手（ＭＶＰ）に初めて選出される。39歳での受賞はセ・リーグ史上最年長。２０００安打、３００本塁打、リーグ優勝、リーグＭＶＰを同時に達成したのは史上初。

２０１７年（平成29年）

5月4日、マツダスタジアムでの中日戦に代打で出場すると三ツ間卓也から二塁打を放ち、安打を記録した投手が５１７人となり、谷繁元信に並ぶプロ野球最多記録を達成した。

代打での起用が増える中、6月27日、横浜スタジアムでのＤｅＮＡ戦で史上28人目となる通算３５００塁打を達成。7月7日に行われた神宮でのヤクルト戦では、2点を追う9回表に代打で登場し、バックスクリーンへの逆転３ラン本塁打を放つなど、無類の勝負強さを見せた。７月19日の阪神戦で、山本浩二に並ぶ通算２２８４試合出場を達成。チームは37年ぶり

2017年（平成29年）	の2連覇を果たした。クライマックス・シリーズではDeNAと対戦し、2勝4敗で敗れ日本シリーズ進出を逃す。試合後、来季の現役続行を表明。
2018年（平成30年）	開幕直前の3月21日、練習中に左ふくらはぎを負傷し、自身14年ぶりの開幕二軍スタートとなる。 9月5日、今シーズン限りでの現役引退を表明し、マツダスタジアムで記者会見を行った。会見では「若い選手が力をつけてきている中、2年後、3年後、5年後のカープのことを考えた時に（引退は）今年が良いのではないかと考えた」とコメント。多くのファン、選手に愛された新井の引退には多くの広島県民が驚き、県内のテレビ番組では速報のテロップも流れた。 9月21日にマツダスタジアムで行われた阪神戦では、2年ぶりとなる通算22本目の三塁打を放ち石井琢朗（現・DeNA）が持つ球団最年長記録41歳0カ月を7カ月更新。この年、チームは球団史上初のリーグ3連覇を達成した。 現役最後となった出場は、ソフトバンクとの日本シリーズ第6戦の11月3日。8回裏に代打で打席に立つと、武田翔太を相手に11球を粘った末、ショートゴロに倒れた。11月5日に、中国新聞に「結局、新井は凄かった。」「広告主 黒田博樹」という全面広告が掲載される。 この年、セ・リーグ連盟特別表彰功労賞を受賞。
2019年（平成31年・令和元年）	3月16日、マツダスタジアムで行われたオリックスとのオープン戦で引退セレモニーが開催された。セレモニーには山本浩二元監督、黒田博樹氏らも駆けつけ、3万人のファンの前で胴上げも行われた。4分にわたるスピーチでは、「私の野球人生、無駄なことは何一つありませんでした。素晴らしい野球人生でした。カープファンの皆さま、たくさん怒らせ、たくさん悲しませたのに、こんなにたくさん応援していただき、ただただ、ありがとうございま

2019年（平成31年・令和元年）	した」と、時折涙を浮かべながらチームとファンへの思いを語った。 この年から、野球解説者、野球評論家を務める。解説者となっても、現役時代から行っている護摩行に臨んだ。
2020年（令和2年）	野球解説者、評論家として活躍するかたわら、キャンプ視察やインタビュー取材なども精力的に対応。
2021年（令和3年）	7月に開会された東京五輪で、野球解説を担当することが発表される。7月31日のメキシコ戦、8月4日の韓国戦で解説を務めた。
2022年（令和4年）	10月7日、2023年シーズンより第20代監督に就任することが発表された。10月12日にはマツダスタジアムで監督就任会見が行われ、「勝つために、カープのために、何がベストか。中長期的なビジョンを頭に入れてやっていきたい」と語り、ファンに向けては「マツダスタジアムを真っ赤に染め、選手に力をください。私たちは、みなさんの心を真っ赤に燃えさせるようにしたいと思っています」と決意を誓った。2023年から着用する新ユニホーム披露会見にサプライズで登場し、背番号が現役時代と同じ「25」になることも発表された。

帯・本文デザイン／ニシハラ・ヤスヒロ（UNITED GRAPHICS）
編集協力／大久保泰伸、牧本直丈（アスリートマガジン）
編集／福井優子・井関宏幸（扶桑社）
マネジメント／佐藤ひろみ（エイベックス・マネジメント）
協力／広島東洋カープ

新井貴浩（あらい たかひろ）

1977年、広島市生まれ。県立広島工業高校、駒澤大学卒業。98年のドラフト6位で広島東洋カープに入団。2005年には本塁打王を獲得し、一塁手としてベストナインに選出される。08年、FAで阪神タイガースに移籍。同年、北京五輪日本代表に選ばれ全試合先発出場を果たす。11年には打点王を獲得。08年から12年にかけて日本プロ野球選手会会長を務め、東日本大震災に際した被災地支援や開幕の延期等に奔走、また「侍ジャパン」の第3回WBCへの参加を発表するなど、球界発展に尽力した。15年、カープに復帰。16年には四番打者として25年ぶりとなるカープのセ・リーグ優勝をけん引し、リーグ史上最年長となる最優秀選手（MVP）に選出される。その後、球団史上初のリーグ3連覇に貢献し、18年に現役を引退。23年より広島東洋カープ監督に就任。

通算成績は2383試合、2203安打、319本塁打、1303打点、43盗塁、打率.278。

MVP（16年）、最多本塁打（05年）、最多打点（11年）、ベストナイン（05年、16年）、ゴールデングラブ（08年）

扶桑社新書459

撓《たわ》まず 屈せず
挫折を力に変える方程式

発行日 2023年3月 1 日　初版第1刷発行
2023年3月10日　第2刷発行

著　者………新井 貴浩
発行者………小池 英彦
発行所………株式会社 扶桑社
〒105-8070
東京都港区芝浦1-1-1 浜松町ビルディング
電話 03-6368-8870(編集)
03-6368-8891(郵便室)
www.fusosha.co.jp

DTP制作………Office SASAI
印刷・製本………株式会社 広済堂ネクスト

Printed in Japan　ISBN 978-4-594-09393-8